Lianella Livaldi Laun

Das Begegnungshoroskop

Standardwerke der Astrologie

Lianella Livaldi Laun

Das Begegnungs-horoskop

Die Geburt einer Beziehung und ihre Entwicklung

CHIRON VERLAG

Hinweis: Die in diesem Buch beschriebenen Fälle stammen vorwiegend aus der Beratungspraxis der Autorin. Aus Gründen der Diskretion werden nur die Abbildungen, aber nicht die exakten Daten der Horoskopbeispiele veröffentlicht.

ISBN 978-3-89997-251-1

Umschlag: Judith Hamann, Tübingen
Satz: Ronald Parusel, Sigmaringen
Druck: Finidr, Český Těšin, CZ
Foto © istockphoto.com

Zu beziehen im Buchhandel oder über:
Chiron Verlag, Postfach 1250, D-72002 Tübingen
www.chironverlag.com

Inhalt

Auf den ersten Blick 9

- Begegnung mit der Astrologie 11
- Du bist meine Insel 13
- Schnelle Liebe im Internet 14

Die zwölf Häuser im Horoskop der Begegnung 17

- Das erste Haus 17
- Das zweite Haus 18
- Das dritte Haus 19
- Das vierte Haus 20
- Das fünfte Haus 22
- Das sechste Haus 22
- Das siebte Haus 23
- Das achte Haus 24
- Das neunte Haus 25
- Das zehnte Haus 26
- Das elfte Haus 27
- Das zwölfte Haus 28

Elemente und Qualitäten im Begegnungshoroskop 31

- Elemente 31
- Qualitäten 32

Die persönlichen Planeten im Begegnungshoroskop 33

- Die Sonne 33
- Der Mond 38
- Merkur 42
- Venus 45
- Mars 49

Die langsamen Planeten im Begegnungshoroskop ... 53
Jupiter ... 53
Saturn ... 53
Chiron ... 54
Uranus ... 55
Neptun ... 55
Pluto ... 56
Lilith ... 56

Aszendent und Deszendent ... 59
Planeten am Aszendenten ... 61

Begegnungen: Dem Augenblick Dauer verleihen ... 65
Gegensätze ziehen sich an ... 65
Probezeit ... 68
Ein Traum von cincm Mann ... 70
Komm näher, geh' weg ... 72
Metamorphose ... 75

Begegnungen mit Kindern ... 79
Mutterliebe altert nie ... 79
Kein Kind, keine Freude ... 81
Jedes Kind bringt eine Botschaft ... 84

Geschäftliche Begegnungen ... 91
Zwei Fliegen mit einer Klappe schlagen ... 91
Geschäft ist Geschäft ... 93
Wenn zwei sich scheiden, hat einer was zu leiden ... 96
Nichts ist so beständig wie der Wechsel ... 98
Jede Münze hat zwei Seiten ... 100
Friede nur so lange währt, als auch dein Nachbar ihn begehrt ... 103

Über die Autorin ... 105

Meinem Mann Gottfried gewidmet.

Für Tobias, Nadine und meine Enkelkinder Alina und Levin

Ich danke Roswitha Reosch für ihre Hilfe beim Korrigieren
des Manuskriptes und meinem Verleger Reinhard Stiehle
für 25 Jahre erfolgreiche Zusammenarbeit.

Der Augenblick ist jenes Zweideutige,
darin Zeit und Ewigkeit einander berühren.

Søren Kierkegaard

Auf den ersten Blick

Alles wirkliche Leben ist Begegnung.
Martin Buber

Es ist die typische Situation in der Schule, bei der Arbeit oder auf einer Party: Man trifft einen fremden Menschen und kommt mit ihm ins Gespräch. In den wenigen Momenten des unvoreingenommenen ersten Kontakts liegt ein enormes Potenzial. Wir wägen ab, ob unser Gegenüber als Freund, Kollege, Liebhaber oder lediglich als Widersacher taugt.

Gerade in Partnerschaften ist die erste Begegnung, der erste Blick, oftmals ist der Anfang für eine Zeit der wachsenden Gemeinsamkeit, in der beide Partner die aufbauende Kraft der Liebe erleben können. Auf der Suche nach unserer ursprünglichen Ganzheit erleben wir in unser Gegenüber als Ergänzung für all das, was uns zu fehlen scheint. Im Alltag gilt es dann, sich mit den Herausforderungen der Zweisamkeit zu konfrontieren: Gewohnheiten, Ansprüche und Denkweisen der beiden Partner treten zunehmend deutlicher hervor und stellen damit neue Fragen an uns.

Nicht immer sind die genauen Geburtsangaben einer Person, die man kennengelernt hat oder mit der bereits eine Beziehung besteht, bekannt. Oft haben Klienten von Partnern oder Ex-Partnern kein Einverständnis dafür, deren Geburtsdaten dem Astrologen mitzuteilen, und es ist deswegen nicht möglich, über ihre Beziehung Aussagen zu treffen. Ohne die Geburtsdaten beider Personen kann kein Composit, kein Combin berechnet und keine Synastrie erstellt werden. Auch der zyklische Verlauf der Beziehung anhand von Transiten oder Solaren lässt sich nicht beobachten.

Den Augenblick einer Begegnung kann man maßgebend als das Horoskop einer Beziehung bezeichnen. Dieser Zeitpunkt gilt als die »Geburt einer Verbindung« zwischen zwei Menschen. Man kann auch für Gruppen, Teams und Mannschaften ein solches Augenblickhoroskop erstellen. Was uns bei der vorliegenden Arbeit interessiert, ist hauptsächlich die Beziehung zwischen zwei Personen. Wenn Klienten den Zeitpunkt ihrer ersten Begegnung festgehalten haben, so sind bei dieser Methode unmittelbar die wichtigsten Themen ihrer Partnerschaft zu erkennen und es kann die Dynamik eingeschätzt werden, die im Verlauf der Beziehung entstehen wird.

Als Begegnungshoroskop kann man entweder den Moment, in dem zwei Menschen sich kennenlernten, den Zeitpunkt, von dem an beide sich als Paar betrachteten oder den Termin der Eheschließung in Betracht ziehen. Die beiden letzten Möglichkeiten lassen sich als Möglichkeit heranziehen, wenn der Tag und die Uhrzeit der ersten Begegnung nicht in Erinnerung geblieben sind. Manchmal ist es für den Astrologen schwierig zu entscheiden, ob das Horoskop der ersten Begegnung mit dem ersten flüchtigen Blickkontakt berechnet werden soll oder zu einem späteren Zeitpunkt, als die Partner sich schon etwas besser kannten. Meine Erfahrung hat gezeigt, dass beide Horoskope die gleichen Grundthemen beinhalten, und wenn geheiratet wird, finden sich diese Themen erneut im Horoskop der Eheschließung.

Bei der astrologischen Betrachtung der ersten Begegnung handelt es sich um ein Ereignishoroskop, weshalb oft auch die Umstände, die eine Begegnung begleiteten, sichtbar sind. Dominante Planeten oder ausgeprägte Konstellationen können Ereignisse und Situationen beschreiben, die mit dem Kennenlernen der betreffenden Personen zu tun haben. Nehmen wir an, zwei Menschen waren in einen Autounfall verwickelt und ihre Beziehung hat mit diesem Ereignis ihren Anfang gefunden, dann kann das Begegnungshoroskop Mars am AC aufweisen oder einen Aspekt zwischen Mars und Uranus zeigen. Dies kann aber auch auf plötzlich auftretende Turbulenzen im Verlauf der Partnerschaft hindeuten. Das Begegnungshoroskop enthält die Konstellationen des Augenblicks, deswegen ist ein Vergleich zu den individuellen Radix-Horoskopen empfehlungswert für die Untersuchung der Partnerschaft. Die Planetenstände des Begegnungshoroskops sind ja zugleich ein Transit für die Betreffenden. Die Planeten in Transit in dem Moment der Begegnung deuten auf die Gefühle des Einzelnen gegenüber der anderen Person und darauf, wie sie individuell dieses Ereignis verinnerlichen und erleben.

Außerdem erlaubt das Begegnungshoroskop unmittelbar die Qualität der Begegnung zu erfassen. Es zeigt sich z.B. anhand der Häuser, welche Lebensbereiche für das Paar wichtig sind und wie sie dies ausleben möchten, ob der Schwerpunkt eher auf der körperlichen oder der geistigen Begegnung beruht.

Begegnung mit der Astrologie

Als erstes Beispiel möchte ich ein Begegnungshoroskop (Abb. 1.) aus meinem eigenen Leben vorstellen. Als ich in den 70er-Jahren nach Deutschland kam, meldete ich mich in einem Institut für studierende Ausländer an, um Deutsch zu lernen. Am ersten Tag im Klassenzimmer stellte ich fest, dass noch ein junger Mann aus Italien anwesend war. Ich sprach ihn an und in der Pause erzählte er mir, dass er Astrologie lernt und erkundigte sich sofort nach meinen Geburtsdaten. Als er mir dann später mein Horoskop erklärte, war ich so begeistert, dass ich ihn bat, mir diese wunderbare Disziplin auch beizubringen. Wir wurden gute Freunde, er lehrte mich die ersten Schritte und zusammen vertieften wir zehn Jahre lang die Astrologie. Das Begegnungshoroskop zeigt sehr gut die Umstände unseres Treffens: Pluto, der Herrscher des AC, steht im elften Haus (wir waren in einer Gruppe), der Mond steht im dritten Haus, dem

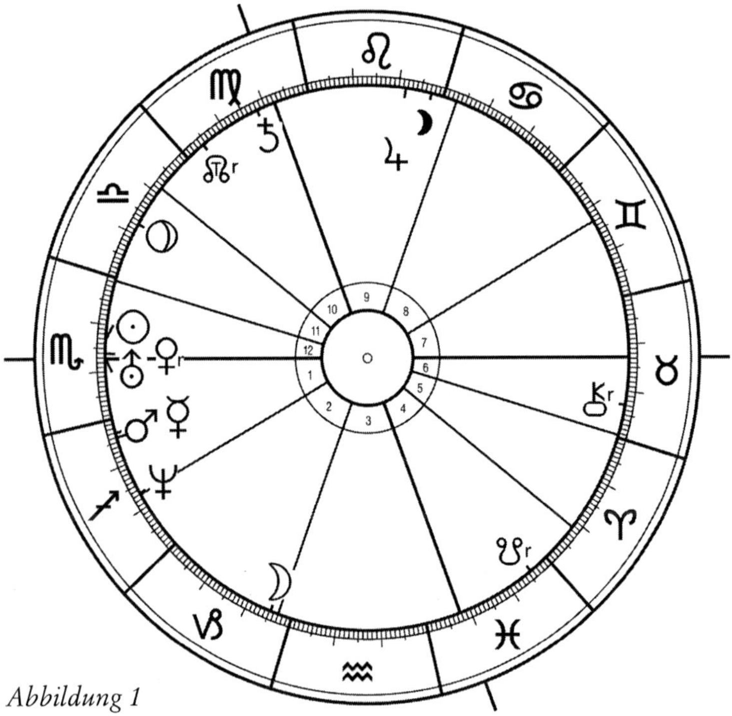

Abbildung 1

Haus des Lernens und der Schule, genau dort, wo wir uns erstmals begegneten. Dass wir eine Fremdsprache lernten, sieht man an der Stellung von Jupiter im neunten Haus und Merkur im ersten Haus im Zeichen Schütze. Dies sind die Umstände der Begegnung, die eine tiefe und wichtige Bedeutung für mich hatten, da ich durch diesen jungen Mann zur Astrologie kam, wir lebenslang befreundet blieben und dies sicher eine schicksalhafte Beziehung ist. Im Haus der Berufung, dem zehnten Haus, sind Saturn und der nördliche Mondknoten platziert, die auf spirituelle oder karmische Beziehungen hinweisen. Uranus, der als Planet der Astrologie gilt, steht am AC in Konjunktion zum Herrscher des elften Hauses, Venus. Diese Konjunktion bedeutet sowohl die gemeinsame Leidenschaft für Astrologie als auch unsere Freundschaft. Astrologie hat uns lebens-

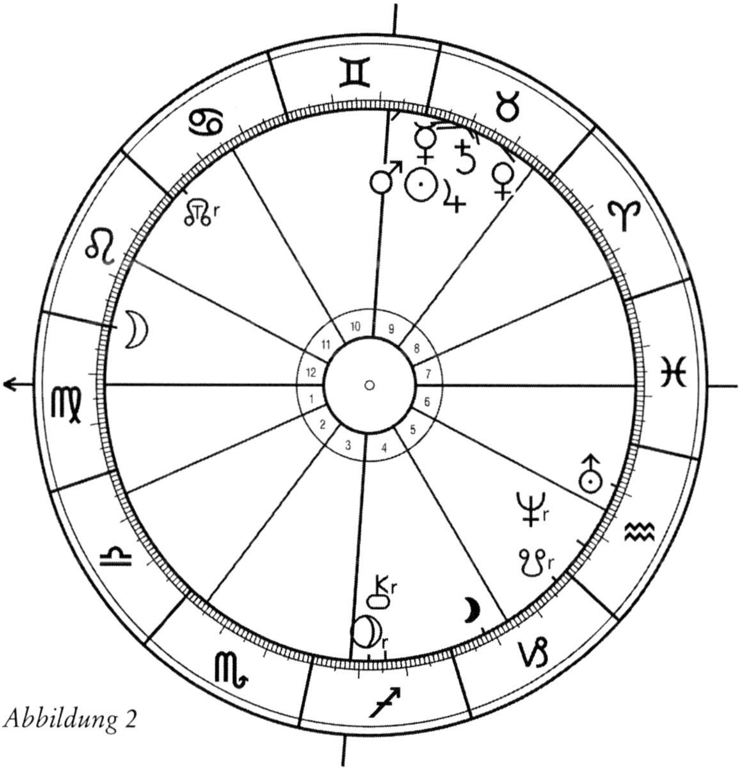

Abbildung 2

lang begleitet, wir sind beide Berufsastrologen geworden. Das Trigon von Jupiter im neunten Feld zu Merkur im ersten Haus deutet auf ein gemeinsames Studium der humanistischen Astrologie hin. Noch zwei weitere Beispiele verdeutlichen, wie das Begegnungshoroskop die Besonderheit einer Beziehung betont.

Du bist meine Insel

Diese Klientin lernte ihren Geliebten bei einer Sportveranstaltung kennen (Abb. 2). Wir finden die Umstände der Begegnung bei der Stellung von Mars (Sport), der dominant am MC (Öffentlichkeit) platziert ist, in Trigon zu Neptun – der Mann ist Trainer einer Schwimmer-Mannschaft. Da er verheiratet ist, leben sie die Beziehung seit 16 Jahren im Verborgenen. Der Mond im zwölften Haus weist darauf hin. Meine Klientin trifft sich selten mit ihrem Liebhaber, da er beruflich viel unterwegs ist. Die wenigen Male im Jahr, an denen sie sich treffen können, haben für beide etwas Besonderes. Meine Klientin beschreibt die Beziehung zu diesem Mann als »unsere Insel der Liebe«. Venus und Jupiter im neunten Haus stehen für die Liebe in »der Ferne«. Die vielen Planeten im neunten Haus symbolisieren bildlich diese »ferne Insel«. Die seltenen Begegnungen im Jahr werden durch die Sonne als Wesen der Beziehung in Konjunktion zu Saturn und in Quadrat zu Uranus im sechsten Haus gezeigt (es fehlt in der Beziehung an alltäglichen Gegebenheiten). Die Unmöglichkeit, zusammenzuleben, wird durch drei Planeten im vierten Haus, die in ihren Entsprechungen auch Verlust und Verzicht enthalten, angezeigt. Pluto, Chiron und Lilith im Bereich des Familienlebens betonen die Unmöglichkeit für diese beiden Menschen, unter einem Dach zu leben und eine eigene Familie zu gründen.

Schnelle Liebe in Internet

Eine Klientin lernte in einem Internetportal einen Mann kennen. Sie schrieben sich einen Monat lang und fanden Gefallen aneinander. Der Mann drängte darauf, sie kennenzulernen und nach mehreren schriftlichen »Begegnungen« entschieden sich beide zu einem persönlichen Treffen. Er wollte die erste Begegnung unbedingt bei sich zu Hause vereinbaren, weil sie aber nicht einverstanden war, trafen sie sich in einem Lokal (Abb. 3). Es war bei dieser ersten Begegnung sofort klar, dass sie die Nacht zusammen verbringen würden, da zwischen ihnen eine mächtige sexuelle Anziehung aufflammte, die alles überwog. Sie hatten es sexuell sehr gut miteinander, es war ihnen aber auch klar, dass für eine feste Beziehung zu

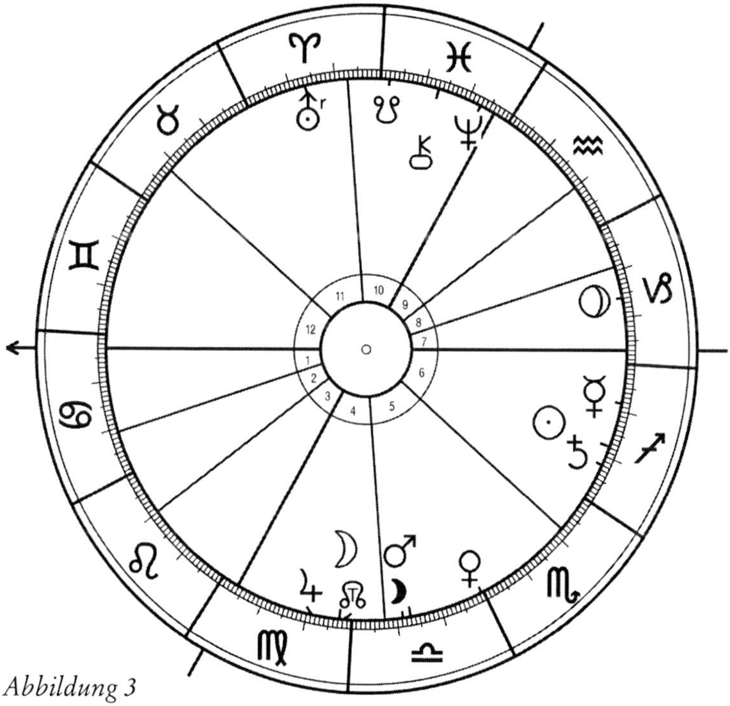

Abbildung 3

viel nicht passte. Nach dieser Begegnung brachen beide den Kontakt ab. Wenn wir das Horoskop der ersten Begegnung betrachten, sehen wir sofort, dass es sich um eine kurze sexuelle Affäre handelt. Die drei astrologischen Faktoren, die Sex und Erotik bestimmen, Lilith, Mars und Venus, sind im fünften Haus platziert. Venus ist außerdem der Herrscherplanet dieses Feldes, das für Sexualität und Affäre steht. Dass die Beziehung einen kurzen Verlauf nimmt, verrät uns Uranus in Opposition zu Mars im fünften Haus und in Quadrat zu Pluto im siebten Haus. Und wichtig erscheint mir die Lage von Neptun, der dominant am MC steht. Ich habe oft Neptun in einer dominanten Stellung im Horoskop der ersten Begegnung oder als Transit auf den Horoskopen einzelner Personen festgestellt, wenn die Beziehung im Internet begann. Meist ist der Beweggrund dafür die Sehnsucht nach Liebe und Partnerschaft. Die Menschen, die sich so kennenlernen, haben oft nicht viel gemeinsam oder wichtige Informationen wurden nicht ausgetauscht und manche Begegnungen enden als Enttäuschung. Im Fall meiner Klientin passten viele wichtige Lebensfaktoren nicht zusammen.

Die zwölf Häuser im Horoskop der Begegnung

Die astrologischen Häuser geben uns Hinweise auf die wichtigsten Themen und Erfahrungsbereiche einer Partnerschaft. Sie beschreiben die Situation, in der zwei Menschen sich auf ihrem gemeinsamen Lebensweg begegnen und in bestimmten Lebensumständen als Paar reagieren werden. Jedes Haus symbolisiert Themen und die Betonung dieses Feldes informiert über die Themen, die im Vordergrund der Paarbeziehung stehen werden.

Das erste Haus

Dieses Haus beschreibt die Art und Weise, wie die Beziehung von der Außenwelt wahrgenommen wird und welchen Eindruck dieses Paar abgibt. In der Astrologie ist das erste Haus das Schaufenster zur Welt. Es symbolisiert, auf welche Weise ein Paar sich zeigen möchte und was für ein Bild es von seiner Verbindung nach außen vermitteln will. Es spiegelt nicht unbedingt den Umgang miteinander im Privatleben wider. Aus diesem Feld ist auch ersichtlich, wie eine Verbindung geboren wurde und welche Umstände zu dieser Begegnung führten. Ebenso zeigt sich dort auch die erste Periode des Zusammenseins, das Umfeld, in dem das Paar lebt, und die Art und Weise, wie es dem Leben begegnet. Das Gefühl der gemeinsam empfundenen Einzigartigkeit ihrer Verbindung ist ebenfalls mit diesem Haus verbunden. Zeichen und Planeten im ersten Feld weisen auch darauf hin, wie zwei Partner auf die unmittelbaren Geschehnisse in der Umwelt reagieren. Mit Venus im ersten Haus strahlen die Partner Zusammengehörigkeit aus, während Mars im ersten Haus oder am AC den Streit dieser beiden Menschen zeigt.

Das Motto des ersten Hauses lautet: **Wir gegenüber der Welt.**

Das zweite Haus

In diesem Feld werden die Ressourcen des Paares symbolisiert. Es geht nicht nur um materielle Stärke, sondern auch um jene Talente und Potenziale, über die sie zur gemeinsamen Stärkung und zum Überleben ihrer Bindung verfügen. Eine Konjunktion zwischen Mars und Uranus kann z.B. als handwerkliche Geschicklichkeit gedeutet werden, was von Vorteil ist, wenn zwei Personen eine Werkstatt als gemeinsames Arbeitsfeld teilen.

Ich kannte zwei Fotografen, die sich durch ihre Kunst kennenlernten. Das Feld zwei ist auch der Fotografie zugeordnet. Diese Leidenschaft begleitete sie all die Jahre ihrer Beziehung. Viele Planeten in diesem Haus stehen für die Fähigkeit des Festhaltens, und Planeten wie Venus oder Mond in diesem Bereich lassen Stimmungen in Bildern festhalten. Handelt es sich um eine Arbeitsbeziehung, muss das Haus besonders analysiert werden, um den Bezug zu gemeinsamen Verdienstmöglichkeiten, Investitionen, Verhandlungen mit Kreditinstituten und sonstigen Verdienststrategien festzustellen.

Bei Verheirateten symbolisieren die Planeten und deren Aspekte den Wert, den die Partner ihrer Ehe geben. Das zweite Feld zeigt auch die Art und Weise, wie das Geld zu ihnen fließt oder die Blockade, die mit diesem Thema zusammenhängt. In diesem Feld können auch psychologische Faktoren, die mit materiellen Werten zusammenhängen, sichtbar sein. Zum Beispiel, ob mit Geld Druck ausgeübt wird, oder im Fall einer Trennung, wie fair oder unfair das Aufteilen der Güter und des gemeinsamen Besitzes verläuft.

Das natürliche Habitat der Partnerschaft und das gemeinsame oder individuelle Territorium sind in diesem astrologischen Bereich angezeigt. Hier sind alle Dinge symbolisiert, die dem Paar materielle oder psychologische Sicherheit verleihen. Materieller Besitz gilt in diesem Haus als Fundament für die Beziehung. Alle Dinge, die beständig sind, dienen dazu, ein Gefühl der Sicherheit zu vermitteln, und stärken das Selbstwertgefühl der Partner. Saturn in diesem Bereich zeigt oft die Notwendigkeit an, ein Grundstück oder eine Immobilie zu erwerben, um sich als Paar fest zu verankern.

Mit Planeten im zweiten Haus ist die Einstellung zu Körperlichkeit und Sinnlichkeit innerhalb der Partnerschaft gedeutet. Erleben die beiden ihren eigenen Körper als peinlich oder erkennen sie z. B. in ihrem und dem Körper des Partners die Schönheit trotz Alter oder kleiner Schönheitsfehler?

Das Motto des zweiten Hauses lautet: **Geld ist Energie.**

Das dritte Haus

Dieses Haus ist der Kommunikation zugeordnet, der Art und Weise, wie zwei Menschen sich austauschen und Ideen teilen. Das dritte Haus ist der Bereich des Wortes und der Schriften. Hier zeigen die Planeten, ob zwei Personen, besonders zu Anfang ihrer Beziehung, viel miteinander telefonierten oder sich schrieben. Es ist das Feld des Chattens. Möglich ist, dass die Beziehung im Netz begann oder die Partner für längere Zeit gezwungen waren, durch Medien (Skype, Face Time, Messanger, Chat) Kontakt zu halten. Neptun in diesem Feld, der Planet der Illusion, kann bedeuten, dass sie eine Beziehung im Netz begannen, sich verliebten, aber nie trafen und ihre Partnerschaft nie in der Realität auslebten.

Planeten und Aspekte in diesem Feld zeigen, ob geistige Affinität, Verstehen ohne Worte oder zermürbende Diskussionen das gemeinsame Leben gestalten. Hier ist der Austausch der Interessen und Meinungen besonders wichtig. Über einen Film oder ein Theaterstück, gemeinsam erlebt, diskutieren oder über die alltäglichen Ereignisse berichten ist Bestandteil der Beziehung. Für beide ist es wichtig zu verstehen, wie der andere die Welt wahrnimmt. In diesem Feld erkennen wir die Art und Weise, wie Dinge zur Sprache kommen. Aufbauende Merkur-Aspekte sorgen für eine rege Kommunikation, während Chiron-Aspekte die Tendenz zeigen können, peinliche oder schmerzhafte Themen aus Angst vor Ablehnung zu verschweigen.

Ein Thema sind hier auch die Beziehungen zu Geschwistern und Verwandten beider Partner, Konflikte mit ihnen entstehen durch Spannungsaspekte der Planeten in diesem Haus. Auch Beziehungen zu Nachbarn sind sichtbar. Uranus- oder Merkur-Aspekte zeigen häufige gemeinsame Umzüge. Spannungsaspekte deuten in diesem Feld darauf hin, dass Unruhe in der Nachbarschaft oder in der unmittelbaren Umgebung Thema in der Paarbeziehung sind.

Das Motto des dritten Hauses lautet: **Kommunizieren ist wichtig für die Beziehung.**

Das vierte Haus

In diesem Haus finden wir die Erfahrungen der Partner als Kinder in ihren Ursprungsfamilien. Die Planeten und ihre Aspekte sowie das Zeichen an der Spitze geben uns Auskunft darüber, ob die Partner im Wesentlichen ähnliche Erfahrung erlebten oder ob die unterschiedlichen Verhältnisse in der Kindheit zu tiefen Konflikten in der Partnerschaft führen können. Ein Hinweis dafür sind Spannungsaspekte vom vierten zum siebten Haus. Sehr unterschiedliche Kindheitserlebnisse können zu Herausforderungen in dieser Verbindung werden, weil die betreffenden Personen trotz Verschiedenheit in Erziehung und früherer Lebensführung ihr gemeinsames privates und intimes Zusammenleben finden müssen.

Wenn Chiron in Haus 4 platziert ist, besteht die Möglichkeit, dass einer der Partner von der Sippe des anderen nicht akzeptiert und ausgegrenzt wird. Der Betreffende fühlt sich in eine Außenseiterrolle gedrängt. Diese Situation kann für die gemeinsame Partnerschaft sehr belastend werden. Auch die Erfahrungen intimer Natur, die die beide Personen individuell in der Vergangenheit erlebt haben, sind eine Thematik dieses Feldes.

Das vierte Feld zeigt das private Umfeld. Es gibt uns Auskunft darüber, was in der Partnerschaft das Gefühl der Geborgenheit vermittelt, wie zwei Menschen ihre Intimität ausleben, welche Gewohnheiten das Gefühl von Wärme, Zusammengehörigkeit und Vertrautheit stärken. Hier können wir deuten, wie das Zuhause zum Ort des Schutzes gegen Stress und Alltagshektik gestaltet wird. Spannungsaspekte von Uranus führen zu viel Unruhe und beeinträchtigen das Gefühl des Geborgenseins in der Partnerschaft. Durch Pluto kann die intime Sphäre als bedrohlich empfunden werden.

Das vierte Haus verrät die unbewussten Reaktionen der Partner, wenn Spannungen herrschen oder die Atmosphäre durch Unausgesprochenes vergiftet ist. Ein stark gestellter Mars lässt wegen Nichtigkeiten Porzellan zerschlagen und verursacht Blitz und Donner aus heiterem Himmel.

Da im vierten Haus des Horoskops in der Überlieferung das Ende aller Dinge sichtbar ist, können Faktoren eine mögliche Trennung symbolisieren. In diesem Fall müssen wir die Transite, die Progressionen und die Verbindung zum Solarhoroskop genau betrachten.

Auch Auskünfte über die Absicht, eine Familie zu gründen und über den Verlauf des Familienlebens, werden von den Planeten und deren Aspekte vermittelt. Positive Jupiter-Aspekte lassen darauf schließen, dass das Familienleben zufriedenstellend verlaufen wird.

Auf praktischer Ebene zeigt das vierte Feld alle Angelegenheiten, die mit gemeinsamen Immobilien zu tun haben. Es zeigt die Einstellung, die die beiden zum Ort und Land haben, in dem sie leben und zu Traditionen, die sie pflegen.

Das Motto des vierten Hauses lautet: **Tiefe Wurzeln und festes Fundament vermitteln Geborgenheit.**

Das fünfte Haus

Dieses Feld symbolisiert eine romantische Liebe und die Verbindung des Paares. Hier erkennt man, ob die Beziehung Romantik enthält, ob es sich um einen Traum handelt oder ob Planeten platziert sind, die einen Bezug zur Realität herstellen. Wenn dies der Fall ist, verwandelt sich die anfängliche Verliebtheit in etwas Bleibendes. Das fünfte Feld zeigt auch, wieviel Erotik und Lust am Spiel die Partnerschaft bereichern. Die Planeten in diesem Feld geben Informationen darüber, wie die Partner schöpferische Energie entfalten und auf welche Weise sie die Ziele, die ihnen am Herzen liegen, erreichen. Alles, was mit diesem Haus in Verbindung steht, gehört der Sphäre des Herzens an, tun wir mit dem Herzen und wird bei entsprechender Planetenplatzierung mit Freude und Lebendigkeit erlebt: Liebe, Sex, Spaß, Kreativität, Kinder in die Welt setzen, gemeinsamer Selbstausdruck. Venus, Jupiter, Sonne und Mond sind Kräfte, die die Freude stimulieren. Saturn wirkt einschränkend und verleiht den Themen des fünften Hauses zu viel Ernst. Pluto oder Lilith können zu einer Leidenschaft führen, die Verstrickungen verursacht.

Dieses Feld symbolisiert die gemeinsame Einstellung zu Kindern. Da das fünfte Haus auch als Haus der Kreativität gilt, zeigt es uns, in welchem Bereich beide Personen kreativ schöpferisch werden können. Auch die Fähigkeit bzw. Unfähigkeit, miteinander auf spielerische Weise umzugehen, zeigen die Planeten auf, die in diesem Feld platziert sind.

Das Motto des fünften Hauses lautet: **Mit dem Herzen dabei sein.**

Das sechste Haus

Dieses Feld zeigt die Auseinandersetzung mit dem Alltag und der Routine. Sind beide fähig, praktische Aufgaben miteinander zu teilen, wird es aus den Planeten in diesem Feld sichtbar. Es ist einer der schwierigsten Bereiche des Begegnungshoroskops, weil viele Liebesbeziehungen, die mit Romantik und Leidenschaft begannen, an den täglichen Belanglosigkeiten und Aufgaben des sechsten Hauses scheitern. Die Liebe, von der im fünften Haus gesprochen wird, kann in narzisstischer Form ausgelebt werden, wenn beide Partner dazu tendieren, den Anderen als Verlängerung seiner selbst zu sehen. Damit die Liebe wachsen und reifen kann, braucht sie Prüfungen, die uns der Alltag stellt. Da das sechste Feld auch als Haus des Dienens und Helfens gilt, ist es für beide Personen wichtig zu lernen, in ihrer Partnerschaft einen Ausgleich zwischen Geben und Nehmen zu schaffen. Harmonische Aspekte von Venus helfen diese Balance zu finden. Bei Neptunplatzierung im sechsten Haus gibt einer der Partner mehr, als er bekommt.

Auch die kleinen Rituale, die den Alltag eines Paares füllen, und die Einstellung zu Gesundheit und gesundem Leben, können aus dem sechsten Feld gelesen werden.

Sind die Personen Geschäftspartner, zeigt dieses Feld die Art und Weise, wie sie an die alltägliche Arbeit herangehen und die geschäftlichen Aufgaben teilen. Handelt es sich um ein Verhältnis zwischen Vorgesetztem und Angestelltem, zeigen die Planeten und Aspekte im sechsten Haus das Arbeitsverhältnis zwischen beiden an.

Das Motto des sechsten Hauses lautet: **Eine Prise Routine und eine Portion Verantwortungsgefühl lassen die Partnerschaft reifen.**

Das siebte Haus

Hier wird die Beziehung zwischen zwei Menschen als Einheit erlebt. Planeten in diesem Haus und das Zeichen am DC färben die Bedürfnisse und Inhalte der Partnerschaft. Es ist dabei nicht nur die Liebesbeziehung gemeint, sondern alle Arten von Beziehungen zwischen Menschen, die persönlich miteinander zu tun haben. Da in der Tradition dieses Feld für Verträge steht, symbolisiert es auch die Ehe. Heute ist es möglich, eine feste Beziehung außerhalb der gesetzlichen Verbindung zu leben, deswegen steht das siebte Haus auch für die verbindliche Beziehung. In diesem Haus sagen uns die Planeten, wie zwei sich verstehen. Ein harmonisch gestellter Mond spricht für ein seelisch verbundenes, vertrautes Zusammensein. Uranus bringt viel Unruhe und Instabilität, besonders wenn er disharmonische Aspekte zu persönlichen Planeten bildet. Uranus zeigt auch eine Partnerschaft, die keinen Vertrag braucht, während mit Jupiter die Partner viel Wert auf Heirat legen. Alles, was sich in diesem Haus abspielt, lässt uns verstehen, wie das gemeinsame Leben verlaufen wird. Steht Mars im siebten Haus oder am DC, bietet die Partnerschaft viele Herausforderungen und Konflikte sind eine willkommene Art, die »Luft« zu reinigen. Wir sehen auch, wie beide kooperieren und kollegial miteinander umgehen. Deswegen ist die Untersuchung des siebten Hauses auch für eine Arbeitsbeziehung sehr nützlich und aussagekräftig.

Das Motto des siebten Hauses lautet: **Zusammen sind wir stärker.**

Das achte Haus

Im achten Haus geht es um Güter und um Geld, das von außerhalb in die Gemeinschaft kommt. Erbschaften, Darlehen, Kredite usw. stehen mit diesem Haus in Verbindung. Es informiert uns darüber, wie die zwei Personen mit anderen Geld und Besitz teilen.

Dieses astrologische Feld zeigt die Werte auf, die von anderen Menschen (z. B. Familie), vermittelt wurden und steht in Gegensatz zum zweiten Haus, welches die Werte symbolisiert, die die Partner durch ihr Zusammensein vertreten.

Das achte Feld zeigt, an welchen Dingen das Paar emotional hängt. Mond oder Krebs in diesem Bereich lassen vermuten, dass beide sehr emotional an Erinnerungen und Orten hängen, wo sie in der Vergangenheit gelebt haben. Merkur kann auf eine emotionale Beziehung zu alten Briefen hinweisen oder zu wichtigen Worten, die in der Partnerschaft gesprochen wurden oder werden. Man hält fest an dem, was gesagt wurde. Da man emotionale Bindungen an Personen, Sachen oder Verhaltensweisen schwer loslassen kann, fordert dieses Feld in jeder Hinsicht Loslassen zu lernen.

Das achte Haus symbolisiert Krisen, Umwälzungen und Brüche, auch die Bereitschaft der Beteiligten, mit diesen Situationen umzugehen. Es zeigt, wie Krisen überwunden werden, und betont alle Prozesse von Tod, Geburt und Wiedergeburt. In diesem Feld findet die Auseinandersetzung mit der eigenen Sterblichkeit und der Endlichkeit der Partnerschaft statt. Hier sind die Tabu-Themen der Paarbeziehung symbolisiert. In diesem Bereich wird gezeigt, welche Erlebnisse die Verbindung stärken und regenerieren können.

Die Sexualität wird hier als Vereinigung zweier Seelen gefühlt, nicht nur als Lust, Spaß und Fortpflanzung, sondern als tiefer und verwandlungsfordernder Akt. Planeten und ihre Aspekte zeigen die Hingabefähigkeit oder die Unfähigkeit, sich in der Sexualität hinzugeben und zu entspannen. Venus in Spannung zu Saturn ist ein Hinweis dafür, dass in der Partnerschaft mit Hingabeschwierigkeiten zu rechnen ist. Steht dieser Planet jedoch in Konjunktion oder in harmonischem Winkel zu Pluto, ist dies ein Anzeichen für tiefe emotionale und verbindende Erlebnisse in der Sexualität.

Das achte Feld wird mit dem psychischen Erbe der Familie assoziiert. Hier finden sich Themen, die eine mögliche Ähnlichkeit mit den Themen und Mustern der jeweiligen Familiengeschichte aufweisen.

Das Motto des achten Hauses lautet: **Was uns nicht umbringt, stärkt uns.**

Das neunte Haus

Dieses Feld ist das Haus der Reisen und der Bewegung. Planeten in diesem Bereich stehen für ein gemeinsames Interesse an Aufenthalten in anderen Ländern und für Besichtigungen. Venus oder Jupiter in diesem Bereich zeigen, dass die beteiligten Personen verschiedene Mentalitäten haben oder aus anderen Kulturen stammen können. Pluto kann das Gleiche bedeuten, aber in seinem Fall kann daraus eine kulturelle Schlacht mit heftigen Konflikten unversöhnlicher Natur werden.

Das neunte Haus zeigt, ob die Beziehung genug geistige Anregung bietet, sei es durch Reisen oder philosophische Themen oder durch eine Vision der Welt, die weit über den Horizont hinausreicht. Wenn die Partner sich für eine Heirat entscheiden, symbolisiert das neunten Haus die Ethik in der Ehe. In den späteren Jahren steht dieses Haus für die Beziehung zu den Enkelkindern. In diesem Fall haben die Großeltern die Möglichkeit, ihre Enkel mit ihrer persönlichen Vision der Welt und Lebensanschauung bekannt zu machen.

Das neunte Haus ist auch das Haus des Glaubens, deswegen verraten Planeten in diesem Bereich, wie die Partner mit dem Thema Spiritualität umgehen. Neptun spricht für die Sehnsucht beider Seelen nach gemeinsamer Suche, spirituelle Wege zu finden, die außerhalb orthodoxer Glaubensrichtungen liegen, und das Bedürfnis, die Partnerschaft durch diese gemeinsame spirituelle Suche sinnvoll zu gestalten. Uranus dagegen zeigt die Entscheidung, gemeinsam aus der Kirche auszutreten und eigene Wege außerhalb der gängigen Religionen zu suchen. Lilith kann in diesem Feld eine verbotene Liebe anzeigen, z.B. eines Priesters oder einer anderen geistlichen Person, die aus Glaubensgründen enthaltsam leben muss. Oder eine Verbindung zwischen Menschen, die unterschiedlichen Religionen angehören.

Das Motto des neunten Hauses lautet: **Warum soll man aus dem Fester schauen, wenn die Möglichkeit besteht, auf das Dach zu steigen, um sich einen besseren Überblick zu verschaffen?**

Das zehnte Haus

Dieses Feld zeigt die allgemeinen Ziele einer Partnerschaft. Es gibt uns Auskunft darüber, ob das Paar eine gemeinsame Berufung hat, der es folgt. Spannungsaspekte zu den Planeten im zehnten Haus oder zum MC können bedeuten, dass es in dieser Gemeinschaft keine gemeinsame Berufung gibt, dass beide Personen an eigenen Zielen arbeiten bzw. sie kein spirituelles Ziel verbindet.

Harmonische Aspekte und harmonische Konjunktionen, wie z.B. Venus in Konjunktion zu Jupiter, symbolisieren Herzenswünsche, die als Paar (aber auch als Kollegen oder Freunde) realisiert werden können. Neptun im zehnten Haus sah ich oft bei Begegnungshoroskopen von Menschen, die ihre Kräfte für Spirituelles oder Esoterik vereinten und z. B. ein Zentrum für spirituelle und ganzheitliche Aktivitäten gründeten. Bei einem Mars im zehnten Haus oder am MC wirkten Menschen als Team für sportliche Betätigungen oder führten gemeinsam ein Fitnessstudio. Mit Mond im zehnten Haus kann die Bildung einer Familie das höchste Ziel sein.

Planeten in diesem Feld zeigen die Triebfeder, die für öffentliche Beachtung und Anerkennung für gemeinsame Arbeit oder Berufung dient.

Dieses Haus gehört zum Saturn-Prinzip und erzählt uns, wie zwei Personen Verantwortung füreinander leben, wie sie mit Pflichten und Strukturen die Beziehung zu fester Bindung führen. Uranus in diesem Bereich zeigt Verhaltensweisen, die feste Strukturen destabilisieren. Bei Saturn dagegen ist es Verantwortung für eine gemeinsame Aufgabe in der Gesellschaft, die das Paar zusammenhält.

Das Motto des zehnten Hauses lautet: **Der Weg ist das Ziel.**

Das elfte Haus

Hier können wir sehen, wie ein Paar Wünsche und gemeinsame Hoffnungen in die Realität umsetzt. Die Planeten in diesem Bereich definieren die Hoffnungen für den zukünftigen Weg. Ist der Regent des vierten Hauses im elften Haus platziert, verrät dies den Wunschtraum eines Paares nach einem Eigenheim.

Auch alle idealistischen Ziele sind im elften Feld symbolisiert: die Heilung und Rettung der Natur bzw. der Welt können mit Chiron in diesem Feld als gemeinsamer Wunsch betrachtet werden. Eine Konjunktion von Mars zu Uranus zeigt einen gemeinsamen Kampf gegen Ungerechtigkeit oder gesellschaftliche Zwänge. Das Zeichen an der Spitze des elften Hauses lässt erkennen, wie schnell Wünsche realisiert werden können. Ein Erdzeichen braucht Zeit und Geduld, um Wünsche und Hoffnungen zu verwirklichen. Luftzeichen dagegen sind ziemlich schnell in ihren Auswirkungen, besonders das Zeichen Zwillinge, das dabei aber viel Energie vergeudet.

Die gemeinsamen Freunde, die Beziehung zu ihnen und die Haltung den Freunden des Partners gegenüber wird ebenfalls durch die Planeten im elften Haus symbolisiert, auch welche Art Menschen zum Freundeskreis gehören. Lilith oder Chiron zeigen Interesse an Menschen, die ausgestoßen werden oder in Kultur und Verhaltensweise nicht unbedingt in das Umfeld des Paares passen. Aber auch die Fähigkeit zu echter Freundschaft zwischen zwei Menschen, die eine Liebesbeziehung pflegen, ist von den Aspekten symbolisiert, die die Planeten bilden. Es ist nicht selbstverständlich, dass sich zwischen Liebenden auch echte Freundschaft entwickelt. Wenn Erotik und Leidenschaft keine Rolle mehr spielen, bietet echte Freundschaft eine Alternative.

Stiefkinder, Schwiegerkinder, Idealkinder und Adoptivkinder spielen in diesem Haus eine Rolle. Die Dynamik des elften Hauses beschreibt die Beziehung zu ihnen.

Das Motto des elften Hauses lautet: **Freundschaft ist Bestandteil der Liebe.**

Das zwölfte Haus

Dieser Bereich meint das innere Leben der Beziehung. Alles, was unter der Oberfläche des Zusammenlebens arbeitet, wird im zwölften Feld symbolisiert. Die Stärken und die Schwächen des Zusammenseins, alles was unbewusst und verborgen wirkt, wird von den Planeten beeinflusst, die hier platziert sind. Die Kräfte der Planeten in diesem Bereich zeigen, wie zwei Personen die Schwierigkeiten innerhalb ihrer Beziehung meistern und wie stark ihr inneres Bündnis ist.

Eine Betonung des zwölften Hauses kann auf eine Bindung hinweisen, die geheim gehalten wird, eine heimliche Affäre oder eine verbotene Liebe. Lilith in diesem Feld zeigt eine rein sexuelle Affäre meist zwischen zwei Personen, die bereits gebunden sind. Man sucht in dieser Beziehung den Reiz und Geschmack des Verbotenen. Neptun dagegen zeigt eine spirituelle Verbindung, die innerlich verborgen ausgelebt wird. Sexualität spielt bei Neptun keine vorherrschende Rolle. Eine Verschmelzung zweier Seelen, womöglich fern voneinander lebend, ist wahrscheinlicher als eine sexuelle Beziehung.

Neptun oder persönliche Planeten in Haus zwölf können auf fehlende Klarheit und Transparenz in einer Partnerschaft hinweisen. Viel bleibt ungesagt und heimlich erlebt. Merkur symbolisiert eine scheinbare Kommunikation, da wichtige Themen lieber verschwiegen werden. Der Mond deutet auf Gefühle, die nicht angesprochen werden. Bei Venus oder Mars können sexuelle Vorlieben nicht mit dem Partner besprochen werden und werden lieber als Fantasie oder mit gelegentlichen Partnern ausgelebt.

Das Motto des zwölften Hauses lautet: **Zwei Körper und eine Seele.**

Elemente und Qualitäten im Begegnungshoroskop

Elemente

Betonung von Erde: Mit einer Betonung des Erdelements strebt das Paar nach Konkretisierung seiner Ziele. In der gemeinsamen Beziehung suchen beide Sicherheit auf materieller und gefühlsmäßiger Ebene. Dieses Bedürfnis birgt die Gefahr der Unbeweglichkeit und mangelnder Spontaneität in der Partnerschaft. Ausdauer und Verantwortungsgefühl sind ausreichend vorhanden.

Betonung von Feuer: Eine Feuerbetonung verleiht Spontaneität und Lebendigkeit. Es kann sich um eine leidenschaftliche Verbindung handeln, in der Sexualität und Spiel Raum haben. Beide ergreifen Initiative und haben Spaß an gemeinsamen Unternehmungen. Das Paar baut weniger auf Sicherheit als auf Aktion und Risikobereitschaft. Eine solche Beziehung kann mit viel Feuer und Begeisterung beginnen, wenn die Partner jedoch den anfänglichen Enthusiasmus nicht aufrechterhalten können, kann sich schnell Langeweile ausbreiten, was den weiteren Verlauf der Partnerschaft gefährdet.

Betonung von Luft: In dieser Gemeinschaft herrscht das Bedürfnis nach Austausch und Kommunikation. Das Paar fühlt sich lebendig beim Austausch von Ideen und Theorien. Es besteht das Risiko, die Gefühle dem Verstand unterzuordnen und dass so die Beziehung mehr zu Freundschaft als zu Leidenschaft neigt. Die

Partner haben die Möglichkeit, Probleme und Situationen aus verschiedenen Blickwinkeln zu betrachten und können so Lösungen für Beziehungsschwierigkeiten finden.

Betonung von Wasser: In dieser Verbindung herrscht das Gefühl vor. Im Mittelpunkt stehen Emotionen und Zuneigung füreinander. Sollte einer von beiden zu Kopflastigkeit neigen und Schwierigkeiten haben, seinen Gefühlen freien Lauf zu lassen, hat er in dieser Partnerschaft die Möglichkeit, sich im Gefühlsaustausch zu üben.

Qualitäten

Kardinale Qualität: Überwiegt diese Qualität, neigt das Paar zu vielen Aktivitäten. Aktiv bleiben verleiht den Partnern das Gefühl der Lebendigkeit. Auch bei älteren Paaren überwiegen gemeinsame Unternehmungen. Zu viel gleichzeitig zu unternehmen führt jedoch zu Stress.

Fixe Qualität: Stabilität und Beständigkeit sind wichtige Voraussetzungen für den Verlauf der Beziehung. Anstatt neue Dinge gemeinsam auszuprobieren, wird in dieser Partnerschaft viel Energie für den Erhalt des gemeinsamen Besitzes und der bekannten Lebensweise aufgewendet. Diese Qualität im Horoskop der Begegnung erweist sich als günstig für geschäftliche Beziehungen oder für eine Verbindung aus Liebe und wegen gemeinsamen Geschäften.

Veränderliche Qualität: In dieser Verbindung herrscht Beweglichkeit und Unruhe. Wenn die einzelnen persönlichen Horoskope nicht dieser Aussage widersprechen, tendiert das Paar dazu, viel zu unternehmen und sich auch zu verzetteln. Es herrscht Betriebsamkeit, aber wenig wird zum Abschluss gebracht. Beide Personen haben Interesse an Veränderung innerhalb ihrer Partnerschaft.

Die persönlichen Planeten im Begegnungshoroskop

Alle Planetenplatzierungen und Aspekte zwischen den Gestirnen müssen in die Deutung einbezogen werden. Eine Beziehung ist das Ergebnis zahlreicher Faktoren, die nicht getrennt gedeutet werden können. Diese Auflistung soll als Anregung dienen.

Die Sonne

Die Sonne symbolisiert das Herz der Beziehung und die Platzierung zeigt, welches Thema für die Weiterentwicklung der Partnerschaft am bedeutsamsten ist. Steht die Sonne im elften Haus, ist die Freundschaft das wichtigste Anliegen in dieser Verbindung. Das freundschaftliche Gefühl wird dauerhafter sein als Erotik und Leidenschaft. Solidarität und Freundschaft zu erleben ist für diese Partner wichtiger als alles andere. Mit Sonne im fünften Haus kann für die Partnerschaft die Hingabe an gemeinsame Kinder, Erotik und Romantik Stärkung der Bindung sein. Das Zeichen, in dem die Sonne platziert ist, symbolisiert den allgemeinen Charakter und die Essenz der Beziehung. Die Sonne mit ihrer Platzierung in Haus und Zeichen und ihren Aspekten zu anderen Kräften des Horoskops verrät die innersten und tiefsten Motivationen, die die Beziehung zusammenhalten. Unser großes Licht gilt als Lebenskraft der Beziehung, die Themen, von der Sonne angezeigt, verleihen in dieser Gemeinschaft Energie und Lebensfreude. Zwei Menschen, die

die Sonne im Zeichen Waage im Horoskop der Begegnung haben, betrachten ihre Partnerschaft als sehr verbindlich. Mit der Sonne im Wassermann soll eine Beziehung viel Freiraum für die persönliche Entwicklung anbieten. Sonne im Widder verspricht Abenteuer und Dynamik. Mit der Sonne in den Fischen stehen die gelebte Spiritualität und die Verschmelzung der Seelen im Vordergrund.

Außerdem symbolisiert die Sonne Kraft zu gemeinsamer Lebensgestaltung, das Bewusstsein, zusammenzugehören und das Streben nach gemeinsamer Selbstverwirklichung.

Die Sonne in Konjunktion oder Spannungsaspekt zu Mond: Die Partner spüren ein Ungleichgewicht im Zusammensein. Sie ergänzen sich nicht und hegen in Gegenwart des anderen ein Gefühl fehlender Geborgenheit. Alltäglichkeiten führen oft zu Konflikten und Überreaktionen. Starke sexuelle Anziehung.

Sonne in Harmonie zu Mond: Emotionen und Sinn für Realität stehen in Übereinstimmung. In der Beziehung herrschen Sympathie und tiefes Verständnis füreinander. Die Anziehung zwischen den Partnern ist stark und führt zu harmonischer körperlicher Übereinstimmung.

Sonne in Konjunktion zu Merkur: Steht die Konjunktion in harmonischem Aspekt zu anderen Planeten, sind Kommunikation und geistige Übereinstimmung aufbauend. Quadrate oder Oppositionen zu anderen Planeten zeigen häufige verbale Auseinandersetzungen, die Kommunikation beider Partner ist erschwert. Bei Spannungsaspekten zu Sonne/Merkur ist die Fähigkeit, sich zu einigen, wenig vorhanden.

Sonne in Konjunktion zu Venus: Dieser Aspekt wirkt bei der Begegnung zweier Menschen sehr verbindend, weil dies immer für Zuneigung und Anziehung spricht. Auch wenn die Konjunktion Spannungsaspekte aufweist, bleibt die Liebe und Zuneigung bestehen. Spannungsaspekte führen zu Unterschiedlichkeit der

Wertvorstellung, des Geschmacks und zu Unstimmigkeiten. Da aber Sonne/Venus ein starker Anziehungsfaktor ist, streben beide Personen zueinander.

Sonne in Spannungsaspekt zu Mars: Konflikte sind hier vorprogrammiert. Die Partner reagieren sehr emotional aufeinander und neigen zu Überreaktionen. Wenn andere Aspekte diese Aussage bestätigen, können die Konflikte zu ernsthafter Feindseligkeit führen. Mit Quadraten und Oppositionen zwischen Sonne und Mars können die Personen nur sehr schwer kooperieren, da die Rivalität zwischen ihnen sehr ausgeprägt ist.

Sonne in Konjunktion oder Harmonie zu Mars: Die Rivalität, die bei diesen Aspekten vorhanden ist, ist meist positiv zu sehen, da beide Personen ihr Bestes geben und sich unabhängig voneinander entwickeln können. Rivalität ist hier als Herausforderung zu verstehen, um individuell Leistungen zu erbringen. Beide Personen wirken aufeinander ermutigend und stimulieren sich gegenseitig, Ideen zu verwirklichen. Die körperliche Liebe ist leidenschaftlich und aufregend.

Sonne in Spannungsaspekt zu Jupiter: Die Partner hegen große Ansprüche und Erwartungen an ihre Beziehung, was zu gegenseitigen Vorwürfen führen kann, wenn die Partnerschaft nicht hält, was sie versprochen hat. Ideale, Ethik und Ambitionen können differieren, was zu Konflikten führen kann.

Sonne in Konjunktion oder Harmonie zu Jupiter: Dieser Aspekt verspricht Sympathie auf den ersten Blick. In dieser Beziehung herrscht Vertrauen. Wenn andere Aspekte nicht widersprechen, verhalten sich die Partner loyal, tolerant und beschützend. Die gemeinsame Horizonterweiterung spielt eine besondere Rolle.

Sonne in Konjunktion oder Spannungsaspekt zu Saturn: In dieser Beziehung gehören Pflicht und Verantwortung zu den wichtigsten Voraussetzungen und können erdrückend wirken. Die

Konjunktion wirkt stabilisierend und sorgt für Beständigkeit in der Partnerschaft. Quadrat und Opposition sind ebenfalls ein Anzeichen dafür, dass die Verbindung bestehen bleibt, oft auch, wenn sie nicht mehr funktioniert. Die Partner können selbst in einer abgestorbenen Paarbeziehung aus Pflichtgefühl und Sicherheit verharren. Die Partnerschaft kann von Sorgen belastet sein und das Zusammenleben viel Kraft kosten, aber mit Motivation, Loyalität und Ernst können Probleme und Sorgen überwunden werden.

Sonne in Harmonie zu Saturn: Ausdauer, Struktur und tiefes Vertrauen zueinander sind die Stichworte dieser Verbindung. Der Umgang mit Problemen ist wenig emotional, aber bereichert von einem Gefühl der Loyalität

Sonne in Konjunktion oder Spannungsaspekt zu Uranus: Hier ist die Verbindung zweier Individualisten gemeint. Beide Personen haben ein starkes Gefühl von Selbstständigkeit und Integrität. Eine Beziehung kann auf unkonventionelle Weise gelebt werden, oft wird sie auf Entfernung gelebt. Das Thema Nähe und Distanz spielt eine große Rolle, bei Quadrat und Opposition verhalten sich die Partner auf sehr unberechenbare Art, sodass die Beziehung immer wieder ins Ungewisse gerät.

Sonne in Harmonie zu Uranus: Schöpferkraft und Freiheitsstreben verbinden sich sehr harmonisch. Die Beziehung profitiert von (außerhalb und innerhalb der Partnerschaft) belebenden Impulsen, die sie im Lauf der Zeit immer wieder zur Erneuerung zwingen.

Sonne in Konjunktion oder Spannungsaspekt zu Neptun: Oft finden sich diese Aspekte in Horoskopen, die eine spirituelle Verbindung aufweisen. Die Bindung ist romantisch und idealistisch geprägt, voll Mitgefühl und seelischer Affinität. Bei Spannungsaspekten kann der Idealismus unrealistische Züge annehmen, die zu einer späteren Enttäuschung führen. Beide Partner oder einer von beiden kann sich als flüchtig und nicht greifbar erweisen.

Sonne in Harmonie zu Neptun: Seelische Verbindung und tiefes Vertrauen zueinander. Anziehung und Sympathie bestehen aus seelischer Affinität. Es handelt sich um eine Beziehung, die auf ausgeprägt idealistischen Vorstellungen basiert.

Sonne in Konjunktion oder Spannungsaspekt zu Pluto: Das Thema der Partnerschaft ist Machtstreben. Die Partner werden im Lauf der Zeit lernen, mit allen Schattierungen der Macht-Thematik umzugehen: von Ego-Machtkämpfen zu Macht/Ohnmacht-Themen, bis sie die Machtimpulse zur Umwandlung und Transformation der Beziehung positiv nutzen können. Schaffen sie es nicht, wird die Trennung mit einem schmerzhaften Gefühl des Verlustes und der Niederlage erlebt. Es handelt sich oft um eine schicksalhafte Verbindung.

Die Sonne in Harmonie zu Pluto: Harmonische Aspekte verhelfen dazu leichter den Weg der Umwandlung einzuschlagen, da ein starker Impuls zur Umformung und Veränderung alter Verhaltensweisen vorhanden ist. Die Beziehung erweckt das Gefühl der Schicksalhaftigkeit.

Sonne in Konjunktion oder Spannungsaspekt zu Lilith: Der mythologische Konflikt Liliths und Adams beeinflussen diese Partnerschaft. Machtkämpfe und Ambivalenzen können in der Beziehung eine zerstörerische Rolle spielen. Andere Aspekte im Horoskop der Begegnung verstärken oder mildern diese Konstellation. Eine mächtige sexuelle Anziehung und gleichzeitige Ablehnung verwickeln die Partner in ein Katz-und-Maus-Spiel.

Sonne in Harmonie zu Lilith: Die kreative Seite der Beziehung drängt an die Oberfläche. Bewusstwerdung ist das Thema der Sextile und Trigone zwischen Sonne und Lilith. Starke Anziehung – nicht nur sexueller Natur – führt zwei Menschen zusammen.

Sonne in Konjunktion oder Spannungsaspekt zu Chiron: Unversöhnliche Gegensätze führen zu Prozessen, die schmerzhaft und heilsam wirken. Die Partner müssen lernen, ihre Verschiedenheit zu akzeptieren und in die Beziehung zu integrieren, sich nicht verletzt oder abgelehnt zu fühlen, weil der Partner sich anders verhält als die eigene Vorstellung, Erziehung und Persönlichkeit dies wünscht.

Sonne in Harmonie zu Chiron: Die Beziehung kann eine heilsame Wirkung auf die Partner haben. Gemeinsame spirituelle Interessen bereichern das Zusammensein. Einer der Partner kann die Rolle des Mentors oder Meisters übernehmen.

Der Mond

Der Mond ist die Seele der Beziehung und symbolisiert die emotionale Seite einer Partnerschaft. Anhand der Stellung und Aspekte des Mondes erkennen wir, wie Emotionen und Gefühle von beiden Partnern ausgedrückt werden. Der Mond im Begegnungshoroskop zeigt, wie offen – oder auch nicht – die Partner über ihre tiefsten Bedürfnisse kommunizieren können und ob/wie sie sich gegenseitig emotional nähren. Da der Mond im vierten Haus regiert, steht er für Angelegenheiten, die Heim und Häuslichkeit betreffen. Er verrät die Stimmung in der gemeinsamen Privatsphäre. Viele Spannungsaspekte des Mondes zeigen, wie stressig/unruhig das Zusammenleben verläuft.

Der Mond in den Wasserzeichen lässt die Beziehung stark gefühlsbetont sein. Beide fühlen sich emotional »zu Hause«. In den Feuerzeichen dagegen spielen Begeisterung, Sexualität und Leidenschaft eine große Rolle. Kommunikation, Austausch und geistige Gemeinsamkeiten führen zu seelischer Erfüllung bei Mond in den Luftzeichen. Dagegen braucht eine Beziehung mit Mond in den Erdzeichen konkrete Voraussetzungen und körperliche Nähe, um emotional erfüllt zu sein.

Die Häuser der Mondplatzierung geben Information über die Themen, die emotional erfüllen. Paare mit Mond im neunten Haus finden gemeinsame Erfüllung, wenn sie auf Reisen sind oder gemeinsame spirituelle Interessen teilen. Menschen mit Mond im achten Haus finden ihre Erfüllung als Paar bei tief gehender sexueller Erfahrung, die als Katharsis wirkt.

Der Mond im zwölften Haus zeigt das Bedürfnis nach Erfahrungen in Zweisamkeit, isoliert vom Rest der Welt, während bei Mond im elften Haus zwei Menschen ihre emotionale Erfüllung bei schönen Stunden mit Freunden finden. Der Mond im zwölften Haus kann auch bedeuten, dass die Partner Mühe haben, sich emotional und gefühlsmäßig auszutauschen, während bei Paaren mit Mond im dritten Haus der Gefühlsaustausch sehr offen und ungezwungen ist.

Der Mond in Spannungsaspekt zu Merkur: Auf gefühlsmäßiger Ebene klappt die Kommunikation nicht. Missverständnisse trüben das Zusammensein. Beide Partner reagieren überempfindlich auf Argumente des anderen. Oft fehlt die Übereinstimmung, weil die Ansichten zu unterschiedlich sind.

Der Mond in Konjunktion oder Harmonie zu Merkur: Auf seelischer und geistiger Ebene stimulieren sich die Partner. Beide wertschätzen die Ansichten des anderen und vermitteln sich positive Impulse.

Der Mond in Spannungsaspekt zu Venus: Dies ist kein schwieriger Aspekt, aber einige Missstimmungen sind vorprogrammiert. Eifersucht und Besitzdenken trüben die Harmonie. Auch Unterschiede des Geschmacks sind nicht auszuschließen. Liebe und Zuneigung sind jedoch vorhanden.

Der Mond in Konjunktion oder Harmonie zu Venus: Liebe und zärtliche Gefühle füreinander sind bei diesen Aspekten sehr intensiv. Harmonie, seelische Verwandtschaft und Sympathie bereichern die Partnerschaft. Erotik und Gefühle sind bei diesen Planetenverbindungen gleichgestellt.

Der Mond in Konjunktion oder Spannungsaspekt zu Mars: Überreaktionen auf emotionaler Ebene, Persönlichkeitskonflikte, überempfindliche Reaktionen und Konflikte, die das häusliche Leben betreffen, sind in dieser Partnerschaft möglich. Bei Konjunktion starke Empfängnismöglichkeit.

Der Mond in Harmonie zu Mars: Anziehung zwischen Mann und Frau. Die Partner handeln kooperativ und gefühlvoll. Empfängnismöglichkeit. Kinder spielen eine wichtige Rolle.

Der Mond in Spannungsaspekt zu Jupiter: Die Emotionen können überschwänglich sein, die emotionalen Reaktionen übertrieben. Versprechungen werden nicht unbedingt eingehalten. Die Partner setzen hohe Erwartungen ineinander und in die Beziehung.

Der Mond in Konjunktion oder Harmonie zu Jupiter: Fruchtbarkeitsverbindung besonders bei der Konjunktion. Vertrauen und Loyalität bereichern das Zusammenleben. Geteilte religiöse und spirituelle Ansichten. Auf seelischer Ebene sorgt die Beziehung für Horizonterweiterung und Wachstum. Liebe zu Reisen.

Der Mond in Konjunktion oder Spannungsaspekt zu Saturn: Diese Aspekte sorgen für Dauerhaftigkeit in der Beziehung, aber sie können einschränkend wirken. Ein Partner kann sich entmutigt oder nicht richtig angenommen fühlen, ein anderer sich tyrannisch verhalten. Die Konjunktion kann ein Gefühl der Sicherheit geben, besonders wenn die Partner viel gemeinsam bewältigt haben.

Der Mond in Harmonie zu Saturn: Saturn festigt die Gefühle füreinander und stabilisiert die Partnerschaft. Die Emotionen sind nicht überschwänglich, aber stabil. Verlässlichkeit und Treue sind vorhanden.

Der Mond in Konjunktion oder Spannungsaspekt zu Uranus: In der Beziehung sind Bedürfnis nach Freiraum und Selbstständigkeit vorherrschend. Irritation kann wegen alltäglicher Belanglosigkeiten entstehen. Starke Anziehung, gleichzeitig immer wieder das Bedürfnis nach Distanz. Unzuverlässigkeit führt zu Konflikten und Reibereien. Die Beziehung kann unter plötzlichen Ereignissen leiden, die die alte Ordnung auf den Kopf stellen.

Der Mond in Harmonie zu Uranus: Die beiden Personen inspirieren sich gegenseitig und erhalten voneinander positive Anregungen, die Beziehung ist ungewöhnlich und vielseitig. Freiheit ist Voraussetzung und führt zu keinen Konflikten.

Der Mond in Spannungsaspekt zu Neptun: Vorsicht vor Illusionen! Das Paar tendiert dazu, die Beziehung anfangs zu idealisieren und sich etwas vorzumachen. Missverständnisse führen in die Irre und bringen Verwirrung in den Alltag. Diese Aspekte sorgen für Unklarheit und Unaufrichtigkeit.

Der Mond in Konjunktion oder Harmonie zu Neptun: Idealisierung und Illusion sind nicht ausgeschlossen, aber die Partner fühlen sich seelisch verbunden und die Gefühle füreinander sind echt. Telepathische Verbindung. Beide sind für die Stimmungen und Gefühle des anderen sehr empfänglich und empathisch.

Der Mond in Konjunktion oder Spannungsaspekt zu Pluto: Intensive Emotionen lassen das Gefühl der Schicksalhaftigkeit entstehen. Starke physische und psychische Anziehung kann bis zur Hörigkeit führen. Heftige Auseinandersetzungen wegen Eifersucht und Besitzdenken. Isolation vom Rest der Welt.

Der Mond in Harmonie zu Pluto: Die Beziehung erlebt Zeiten des Todes und der Wiedergeburt, meist begleitet von Regeneration und Wandel. Starke Anziehung, die unwiderruflich zwei Menschen zusammenführt.

Der Mond in Konjunktion oder Spannungsaspekt zu Lilith: Ambivalente Emotionen führen zwei Menschen zusammen. Das

Paar erlebt Liebe und Hass, sexuelle Exzesse und Askese, Interesse und Gleichgültigkeit in einer Achterbahn der Gefühle. Die Faszination ist mächtig und gefährlich.

Der Mond in Harmonie zu Lilith: Eine starke Faszination führt zwei Menschen zusammen, die lernen müssen, kreativ mit der Energie von Lilith umzugehen. Die Beziehung erfordert Ehrlichkeit und Gleichberechtigung.

Der Mond in Konjunktion oder Spannungsaspekt zu Chiron: Die Partner können sich durch Ablehnung gegenseitig verletzen. Verletzende Reaktionen schwächen das Selbstwertgefühl des anderen. Die Gefühle sind zwiespältig und verhindern echte Nähe und Intimität.

Der Mond in Harmonie zu Chiron: Positive Emotionen heilen Wunden in der Beziehung. Seelische Arbeit ermöglicht den Partnern Nähe und Vertrauen.

Merkur

Der Planet der Kommunikation steht im Begegnungshoroskop für den geistigen und verbalen Austausch eines Paares. Er zeigt die Verständigung zwischen den Partnern und symbolisiert gleichzeitig die Kommunikation außerhalb der Partnerschaft: Wie wird mit der Außenwelt verbal interagiert? Merkur verkörpert die Fähigkeit, mit den täglichen Problemen fertigzuwerden. Merkur kann auch Kinder und die Beziehung zu ihnen darstellen. Ein Merkur im achten Haus kann ein »vererbtes Kind« symbolisieren, z.B. von einer verstorbenen Freundin, einem Freund oder von verstorbenen Verwandten. In diesem Fall soll der Herrscher des achten Feldes gleichzeitig im fünften Haus sein.

Merkur im siebten Haus bezogen auf Kommunikation bedeutet, dass der geistige, verbale und schriftliche Austausch die wichtigste

Rolle in der Partnerschaft spielt. Merkur in den Feuerzeichen zeigt gemeinsames begeistertes Diskutieren an. Merkur in den Erdzeichen steht für Diskussionen über praktische Angelegenheiten und Merkur in den Luftzeichen diskutiert gerne über »Gott und die Welt«, während Merkur in den Wasserzeichen den Austausch über Gefühle in den Vordergrund stellt.

Merkur im elften Haus weist darauf hin, dass das Paar sich gerne im Kreis von Gleichgesinnten und Freunden mitteilt.

Merkur in Konjunktion und Sextil zu Venus: Wichtiger Faktor dieser Partnerschaft ist eine liebevolle Art, miteinander zu sprechen. Die Partner gehen miteinander sehr diplomatisch und zärtlich um. Die Gefühle füreinander beschäftigten ihre Gedanken.

Merkur in Konjunktion oder Spannungsaspekt zu Mars: Es ist eine der Aufgaben dieser Partnerschaft, miteinander kommunizieren zu lernen, ohne sich zu verletzen. Selbstbeherrschung und Reife sind erforderlich, um sich so auszudrücken, dass der andere nicht verbal angegriffen wird. Dieser Aspekt kann zu Streitigkeiten und Ärger führen.

Merkur in Harmonie zu Mars: Trigon und Sextil wirken belebend und geistig stimulierend. Es besteht Klarheit und Interesse an gemeinsamen Unternehmungen, besonders, wenn es um Kultur und Veranstaltungen geht.

Merkur in Spannungsaspekt zu Jupiter: Es wird viel gesprochen, aber die Fähigkeit einander zuzuhören ist gering. Unzufriedenheit entfacht Meinungsverschiedenheiten.

Merkur in Konjunktion oder Harmonie zu Jupiter: Hier wird viel gesprochen, man hat Freude und Spaß an gemeinsamer Kommunikation, liebt Humor, geistreiche Gespräche und ermutigt sich gegenseitig dazu. Eine ausgezeichnete Konstellation für Lehrer-Schüler-Beziehungen.

Merkur in Konjunktion oder Spannungsaspekt zu Saturn: Einer der Partner (oder beide) fühlt sich entmutigt und geringgeschätzt. Gegenseitige Kritik lässt Groll aufsteigen. Dem Paar fällt es schwer zu kooperieren. Die negative Einstellung zur Beziehung erschwert die Kommunikation.

Merkur in Harmonie zu Saturn: Nüchterne und realitätsbezogene Art zu kommunizieren. Gespräche stabilisieren die Beziehung. Ideen des Partners werden geschätzt und anerkannt.

Merkur in Spannungsaspekt zu Uranus: Quadrat und Opposition können irritierend und beunruhigend wirken. Im gemeinsamen Gespräch zeigen die Partner Ungeduld und Unduldsamkeit. Durch ständiges Unterbrechen kommt kein vernünftiges Gespräch zustande. Während der Kommunikation gereizt und nervös.

Merkur in Konjunktion oder Harmonie zu Uranus: Im Paargespräch entstehen neue aufregende Ideen, kreative Einfälle bereichern den Alltag. Die Gedanken sind gegenseitig inspirierend und Gespräche lassen die Beziehung nie langweilig werden.

Merkur in Konjunktion oder Spannungsaspekt zu Neptun: Die Art miteinander zu kommunizieren führt oft zu Unklarheit und Missverständnissen, falsche Vorstellungen zu Schwierigkeiten. Auf positive Weise kann die Konjunktion wirken, wenn sie Gleichklang im Denken bedeutet. Die Opposition und das Quadrat haben eher eine verwirrende Auswirkung. Bei Geschäftspartnern sind die Spannungsaspekte zwischen Merkur und Neptun gefährlich, sie führen zu Betrügereien und Unaufrichtigkeit.

Merkur in Harmonie zu Neptun: Gleichklang im Denken und Fühlen sowie gemeinsame spirituelle Interessen machen die Partnerschaft besonders. Kommunikation auch ohne Sprache.

Merkur in Konjunktion oder Spannungsaspekt zu Pluto: Die Partner beeinflussen sich gegenseitig stark. Manipulationen sind nicht selten bei Aspekten zwischen Pluto und Merkur. Die Konjunktion hat auch Macht, sich gegenseitig zu stärken und positiv aufeinander zu wirken. Geheimnisse können auf subtile Weise die Partnerschaft beeinflussen. Einer der Partner kann verbal überlegen sein.

Merkur in Harmonie zu Pluto: Sextil und Trigon wirken geistig anregend, sie können aber auch Manipulation und Machtausübung verbergen.

Merkur in Konjunktion oder Spannungsaspekt zu Lilith: Schweigen ist die übelste Art, den Partner zu bestrafen. Oft ist die Frau rhetorisch überlegen. Bei verbalen Auseinandersetzungen treffen Schläge unter die Gürtellinie.

Merkur in Harmonie zu Lilith: Die Art miteinander zu sprechen ist ausdrucksvoll und faszinierend, Sprechen beim Sex sehr erregend.

Merkur in Konjunktion oder Spannungsaspekt zu Chiron: Schwachpunkte des anderen werden benutzt, um sich gegenseitig zu verletzen. Geringschätzung wird gezeigt, um die Meinungen und Ideen des Partners lächerlich und unwichtig zu machen. Einer der Partner spricht verletzend über die intellektuellen Fähigkeiten des anderen und macht sich darüber lustig.

Merkur in Harmonie zu Chiron: Sehr gute Mentor-Schüler-Konstellation. In der Liebesbeziehung lernen die Partner voneinander. Erziehung und geistige Fähigkeiten der Partner stimmen überein. Gemeinsame Gespräche haben heilende Wirkung.

Venus

Dieser Planet zeigt im Begegnungshoroskop, wie die beteiligten Personen ihre Lust aufeinander ausleben und genießen. Venus symbolisiert die Notwendigkeit, Liebe und Zuneigung zu zeigen und auszudrücken. Venus hat die Funktion, Menschen durch Anziehung zusammenzubringen und lässt uns entscheiden, woran wir Gefallen finden. Was für einen Wert wir der Beziehung geben, zeigt die Position von Venus an.

Die Aspekte von Venus versinnbildlichen die Fähigkeit von Geben und Nehmen in einer Partnerschaft oder Gemeinschaft.

Venus in Stier fühlt sich von Beziehungen und Situationen angezogen, die Stabilität und Sicherheit versprechen, während Venus in den Zwillingen eine bewegte und lebhafte Art des Zusammenseins bevorzugt. Venus in der Jungfrau im Begegnungshoroskop wird in der Partnerschaft nach Perfektion streben, während bei Venus im Löwe die Beziehung im Leben der Beteiligten eine zentrale Rolle spielt.

Venus in den Feuerzeichen verleiht Leidenschaft und Begeisterung für das gemeinsame Leben. In den Luftzeichen braucht die Beziehung viel Freiheit und Bewegungsspielraum. In den Wasserzeichen ist Nähe und Vertrautheit notwendig, um sich als Paar zu spüren. Die Erd-Venus ist eine Garantie für Dauer und beständige Zuneigung.

Die Häuser zeigen unter anderem die Bereiche an, in denen die Begegnung stattgefunden hat. Venus im zehnten oder sechsten Haus ist ein Hinweis dafür, dass der Arbeitsplatz eine Rolle gespielt hat. Wenn z. B. Venus als Herrscher des zwölften Hauses im zehnten oder sechsten Haus platziert ist, kann der Arbeitsplatz eine Klinik oder Soziale Einrichtung sein. Dagegen spricht Venus im neunten Haus von einer Begegnung während eines Auslandsaufenthaltes.

Venus in Konjunktion oder Spannungsaspekt zu Mars: Ein deutliches Zeichen gegenseitiger sexueller Anziehung. Heftige Emotionen spielen eine Rolle, die Beziehung ist sehr bewegt und leidenschaftlich.

Venus in Harmonie zu Mars: Ähnlich der Konjunktion und Spannungsaspekte sind Trigon und Sextil Anzeichen dafür, dass beide Personen stark voneinander angezogen sind. Da die Planeten aber harmonisch gestellt sind, fehlen die emotionalen Exzesse.

Venus in Spannungsaspekt zu Jupiter: Auftretende Geschmacksunterschiede in der Beziehung führen nicht zu heftigen Konflikten, eher zu Irritationen. Finanzielle Fragen verursachen Konflikte.

Venus in Konjunktion oder Harmonie zu Jupiter: Gegenseitige Sympathie und Wohlwollen führen zu Vertrauen und Erfüllung in der Partnerschaft bzw. jeder Art von Beziehung. Rücksicht und gegenseitige Wertschätzung bereichern das Zusammensein.

Venus in Konjunktion oder Spannungsaspekt zu Saturn: Wie alle Saturn-Aspekte wirken sie stabilisierend auf die Beziehung. Quadrat und Opposition zeigen jedoch, dass die Stabilität nur durch harte Arbeit im Zusammenleben erreicht wird. Die Art, wie die Partner miteinander umgehen, ist einschränkend und erstickend. Übermäßige Kritik bedrückt die Stimmung. Wenn gleichzeitig Aspekte von Venus zu Neptun bestehen, erleben beide nach einiger Zeit ihre Partnerschaft als enttäuschend.

Venus in Harmonie zu Saturn: In dieser Bindung besteht Stabilität und Ausdauer. Die Partner unterstützen sich gegenseitig und sind bereit, für die Beziehung zu arbeiten.

Venus in Konjunktion oder Spannungsaspekt zu Uranus: Liebe auf den ersten Blick und magnetische Anziehung. Ob die Partnerschaft von Dauer sein wird, hängt davon ab, ob auch stabilisierende Aspekte im Horoskop der Begegnung vorhanden sind. In dieser Partnerschaft kann das Gefühl der Sicherheit und Beständigkeit fehlen und plötzliche Ereignisse können destabilisierend wirken. Diese Aspekte können auch eine Partnerschaft auf Distanz symbolisieren.

Venus in Harmonie zu Uranus: Die Partner sollten sich bemühen, ihr Zusammensein anregend und interessant zu gestalten, denn

Langeweile ist der größte Feind dieser Partnerschaft. Die Beziehung muss bewegt und inspirierend bleiben.

Venus in Konjunktion oder Spannungsaspekt zu Neptun: Das Paar lebt in einer eigenen Welt. Die Beziehung hat aus starker gegenseitiger Idealisierung begonnen, die später zu Desillusionierung führen kann. Sind die Partner voneinander entfernt, verzehren sie sich danach, wieder vereint zu sein. Kehrt Normalität und Routine in den Alltag zurück, ergreifen sie wieder die Flucht.

Venus in Harmonie zu Neptun: Diese Aspekte sind ein Anzeichen für Zuneigung und Bedürfnis nach Hingabe in der Partnerschaft. Spirituelle Interessen vertiefen die Gefühle und bringen Erfüllung auf seelischer Ebene.

Venus in Konjunktion oder Spannungsaspekt zu Pluto: Eifersucht und Besitzansprüche in der Beziehung sorgen für eine Atmosphäre der Enge. Es fehlt die Luft zum Atmen, die Partner isolieren sich vom Rest der Welt. Ego-Konflikte verursachen Machtkämpfe, die über Jahre hinweg unerbittlich ausgetragen werden. Ein starkes Gefühl von Schicksalhaftigkeit seit Beginn der Beziehung führt zu leidenschaftlicher Bindung. Sexuelle Anziehung kann zu Hörigkeit führen. Arbeiten die Partner in fairer und gesunder Weise an ihrer Beziehung, kann Wandel und Transformation geschehen. Oft benötigen sie dazu therapeutische Hilfe.

Venus in Harmonie zu Pluto: Starke sexuelle Anziehung und das Gefühl, füreinander bestimmt zu sein, erfüllen die Beziehung. Die Partner sind nicht frei von Eifersucht und Besitzdenken, jedoch fehlt die typische Zwanghaftigkeit der Spannungsaspekte und Konjunktionen. Die Fähigkeit, aus jeder Krise letztlich mit neuer Energie hervorzugehen, ist ausgeprägt.

Venus in Konjunktion oder Spannungsaspekt zu Lilith: Immer gleiche Konflikte wiederholen sich und führen regelmäßig zu Machtkämpfen und Angriffen. Anziehung und Ablehnung wechseln sich in einem Katz-Maus-Spiel ab. Die Sexualität ist überwältigend, jedoch kann sich die sexuelle Anziehung in Gleichgültigkeit verwandeln.

Venus in Harmonie zu Lilith: Die Anziehung ist magisch, eine starke Faszination für einander ist schon bei der ersten Begegnung deutlich spürbar. Die Beziehung braucht Spannung und überwältigende sexuelle Momente, um lebendig zu bleiben.

Venus in Konjunktion oder Spannungsaspekt zu Chiron: In der Partnerschaft fehlt etwas und dieser Mangel wird schmerzhaft erlebt. Es kann fehlendes Mitgefühl sein oder der Eindruck, nicht glücklich zu werden, weil man sich gegenseitig Wichtiges verweigert. Alte Muster aus der individuellen Vergangenheit trüben die aktuelle Partnerschaft.

Venus in Harmonie zu Chiron: Diese Beziehung verfügt über ein starkes Potenzial an heilenden Energien. Die Partner können zusammen alte Wunden heilen und neue Wege gehen.

Mars

Mars zeigt im Begegnungshoroskop die Energie an, die in die Beziehung investiert wird, und den Bereich, in welchem die Partner gerne Initiative ergreifen und sich als Paar beweisen und behaupten. Dieser Planet symbolisiert sexuelle Energie und zeigt die Bedeutung von Liebe, Lust und Befriedigung für das Paar. Auch Aggression und Streitlust sind marsische Energie. So führt ein ungünstig gestellter Mars zu Disharmonie und Unruhe, die Herausforderung harmonischer Aspekte fordert einen konstruktiven Umgang mit Streit und Unstimmigkeiten.

Mars im Erdzeichen erfordert viel Raum für Berührung und Sexualität. Mars im Luftzeichen lässt Sexualität spielerisch erleben, besonders, wenn Sprache eine Rolle spielt. Mars im Wasserelement verwandelt mit viel Zärtlichkeit Sexualität in eine tiefe Erfahrung und mit Mars in den Feuerzeichen wird Sexualität belebend und regenerierend erfahren.

Partner, die Mars im siebten Haus des Begegnungshoroskops haben, investieren den größten Teil ihrer Energie in die Partnerschaft. Sie arbeiten an ihr und unternehmen viel gemeinsam, während mit Mars im zwölften Haus gemeinsame mystische Erfahrungen Triebkraft der Bindung sind. Bei Mars im zehnten Haus sind Karriere und Berufung wichtig, können aber andere Themen überschatten. Mit Mars im achten Haus ist Hingabe das Thema. Ist Mars verletzt, führen viele Konflikte zu Hingabe-Schwierigkeiten.

Mars in Spannungsaspekt zu Jupiter: Sexualität wird ausgiebig gelebt, kann eine vordergründige Rolle spielen und die Beziehung gefährden, wenn die sexuelle Lust nachlässt.

Mars in Konjunktion oder Harmonie zu Jupiter: Die sexuelle Erfahrung erfüllt das Paar und verleiht Lebensfreude. Interesse an gemeinsamen Unternehmungen lassen beide viele schöne Momente erleben.

Mars in Konjunktion oder Spannungsaspekt zu Saturn: Anpassungsthemen in der Partnerschaft schaffen Probleme. Gegenseitige Kritik führt zu Streit und Unstimmigkeiten. In der Sexualität können Blockaden auftreten, die Hingabe nicht erlauben und Intimität verletzen.

Mars in Harmonie zu Saturn: Sexualität ist nicht Priorität in der Beziehung. Die gemeinsame Energie läuft vor allem in die Erhaltung der Partnerschaft. Konflikte werden gut überstanden. Gemeinsame Ziele zu erreichen gelingt problemlos.

Mars in Spannungsaspekt zu Uranus: Es fällt schwer, gemeinsame Ziele zu verwirklichen. Die Bestrebungen der Partner richten sich auf individuelle Vorhaben. Ungeduld und Intoleranz bei jeder Kleinigkeit, die Partner irritieren sich gegenseitig. Die Beziehung braucht viel Freiraum, um Sexualität lustvoll zu erleben.

Mars in Konjunktion oder Harmonie zu Uranus: Abenteuerlust und Risikobereitschaft halten das Paar jung. Unternehmungslust und Erfindungsgeist werden auf produktive Weise erlebt. Sexualität belebt und erfrischt.

Mars in Konjunktion oder Spannungsaspekt zu Neptun: Störungen können auftreten, wenn die Partner nicht transparent handeln. Unehrlichkeiten und Missverständnisse bringen die Beziehung aus dem Gleichgewicht.

Mars in Harmonie zu Neptun: In dieser Partnerschaft spielt Idealismus eine wichtige Rolle. Die Partner glauben an die spirituelle Komponente ihrer Begegnung und unternehmen einiges im Bereich der Spiritualität und Selbstfindung. Sie inspirieren sich gegenseitig.

Mars in Spannungsaspekt zu Pluto: Quadrat und Opposition verursachen emotionale Störungen und Ego-Konflikte. Werden diese Aspekte durch andere Spannungskonstellationen begleitet, können die Auseinandersetzungen in Gewalt ausarten, sexuelle Probleme gewinnen die Oberhand oder Sexualität dient als Erpressungsmittel.

Mars in Konjunktion oder Harmonie zu Pluto: Magische sexuelle Anziehung führte diese Partner zusammen. Beide wirken aufbauend auf die Willenskraft des anderen. Konjunktion zeigt zwanghaftes Verhalten und kann dazu führen, Macht innerhalb der Partnerschaft sowohl positiv als auch negativ auszuüben.

Mars in Konjunktion oder Spannungsaspekt zu Lilith: Macht-Ohnmacht-Themen führen zu Verstrickung. Sexualität dient als Mittel der Kontrolle und Machtausübung. Ein Partner dominiert, der andere fällt in eine Opferhaltung.

Mars in Harmonie zu Lilith: Eine dunkle, magische Anziehung lässt keine Risiken aus. Die Partner verfallen einander, ohne es verhindern zu können. Sexualität wird als überwältigende Erfahrung erlebt.

Mars in Konjunktion oder Spannungsaspekt zu Chiron: Wenn diese Konstellationen von anderen schwierigen Winkeln begleitet werden, kann Gewalt in der Beziehung ein Thema werden. In dieser Beziehung lassen verborgene, instinktive Energien gegenseitige Aggressionen entstehen.

Mars in Harmonie zu Chiron: Durch individuelle, positive Verhaltensweisen hat diese Beziehung das Potenzial, Verletzungen und Konflikte zu heilen. Auch die sexuellen Begegnungen heilen.

Die langsamen Planeten im Begegnungshoroskop

Jupiter

Jupiter symbolisiert den gesellschaftlichen Status des Paares und zeigt, was die Partner zusammen erreichen können. Dieser Planet hilft den geistigen Horizont zu erweitern und verleiht der Beziehung Sinn und Bedeutung. Das Haus seiner Platzierung zeigt die gemeinsame Lebensfreude, die Lebensthemen, welche die Partner begeistern und woran sie glauben. Mit Jupiter im fünften Haus sind Sexualität und/oder eigene Kinder die Quelle der Freude und Begeisterung. Mit Jupiter im dritten Haus bringen gemeinsame Gespräche Leben und Energie in die Partnerschaft. Mit Jupiter im achten Haus werden Krisen und deren Bewältigung zur gemeinsamen Herausforderung, während Jupiter im sechsten Haus die gemeinsame tägliche Routine nicht als Last, sondern als Quell der Freude im Alltag empfindet.

Saturn

Dieser Planet repräsentiert im Horoskop der Begegnung die Struktur und Basis der Beziehung, aber auch die Pflichten und Spielregeln innerhalb der Partnerschaft. Auch zeigt Saturn, wo Grenzen und Blockaden sind, die die Bindung der Partner beeinträchtigen können. Die gegenseitigen Verpflichtungen werden durch Saturn in den Häusern und durch seine Aspekte zu den persönlichen Planeten symbolisiert. Saturn in Haus 12 kann Themen symbolisieren, die nicht offen besprochen oder verdrängt werden. Mit Saturn im siebten Haus, dem Haus der Partnerschaft, bemüht sich das Paar um Struktur und eine feste Basis. Mit Saturn im siebten Haus oder am DC wird die Beziehung langjährig und beständig sein. Ist Saturn im zehnten Haus platziert, sind gemeinsame Karriere und/oder gemeinsame Ziele für beide wichtig.

Chiron

Der mythologische Kentaur symbolisiert im Horoskop der Begegnung die empfindlichste Stelle in der Partnerschaft, die Themen, die für beide Partner heikel und schmerzhaft sind, sowohl als Individuen als auch als Partner. Er steht in der zwischenmenschlichen Verbindung für gegenseitige Verletzung und Heilung, Kränkung und Mitgefühl. Die Suche nach Spiritualität und die Erfahrung, Partnerschaft als Verbindung von Körper, Seele und Gefühl zu erleben, wird durch Chirons Stellung und seine Aspekte zu den persönlichen Planeten beeinflusst. Chiron im sechsten Haus kann Kränkung und Heilung alltäglicher Themen und Aufgaben bedeuten. Chiron im achten Haus versucht die Partner von alten, individuellen schmerzhaften, sexuellen Erfahrungen zu heilen. Fehlender Nachwuchs als schmerzhaftes Thema kann sich durch Chiron im fünften Haus darstellen. Mit Chiron im neunten Haus interessiert sich das Paar für ganzheitliche Heilverfahren und/oder für Themen, die gemeinsame, spirituelle Erfahrungen erfordern. Mit Chiron im elften Haus kann das Thema die Heilung des Planeten Erde sein und dies als gemeinsame Aufgabe betrachtet werden.

Uranus

Uranus kennzeichnet die Fähigkeit zu Veränderung und Erneuerung innerhalb der Beziehung. Weist dieser Planet Aspekte zu persönlichen Planeten auf, zeigt dies lebenswichtige Bedürfnisse nach Freiraum und Selbstständigkeit, auch bei innig verbundenen Partnern. Die Beziehung betreffende plötzlich eintretende Ereignisse sind uranisch. In den Häusern zeigt Uranus die Notwendigkeit, mit den entsprechenden Themen kreativ umzugehen. Uranus im ersten oder siebten Haus kennzeichnet eine Partnerschaft, die viel Raum für persönliche Entwicklung braucht, zeigt auch die Möglichkeit einer Fernbeziehung. Uranus im vierten Haus muss sich Raum für Individualität in der gemeinsamen Wohnung schaffen, die Partner können auch getrennt wohnen oder oft ihren Wohnsitz wechseln. Mit Uranus im zehnten Haus verfolgen die Partner unterschiedliche Ziele, während Uranus im fünften Haus die Sexualität mit viel Fantasie lebendig hält. Im fünften Haus kann auch eine unerwartete Schwangerschaft überraschen.

Neptun

Dieser Planet symbolisiert gemeinsame Ideale, verrät Träume und Visionen. Er erzählt von unerfüllten Sehnsüchten, die jeder für sich hegt, von dem, was die Partner im anderen sehen wollen, und den Illusionen, die in der Zeit der Verliebtheit unvermeidlich sind. Wurde die Beziehung zu sehr idealisiert, zeigen seine Aspekte zu den persönlichen Planeten die Enttäuschung. Auch die gemeinsame spirituelle Suche wird von Neptun symbolisiert. Neptun im ersten Haus bedeutet starke gegenseitige Empathie. Im zweiten Haus zeigt Neptun gefühlvolle Empfindungen für die Bedürfnisse des geliebten Menschen. Im neunten Haus streben die Partner nach Erweiterung des gemeinsamen spirituellen Horizonts. Im zwölften Haus symbolisiert Neptun das Unausgesprochene zwischen den

Partnern und das, was verborgen bleibt. Neptun im siebten Haus idealisiert den Partner sehr.

Pluto

Pluto zeigt, wie Partner ihre transformative Kraft nutzen. Hat er eine dominante Stellung im Begegnungshoroskop, verleiht er der Partnerschaft Macht und Einfluss. Wie beide mit dieser Macht umgehen, wird in den weiteren Aspekten des Horoskops sichtbar. Pluto beeinflusst Machtkämpfe und Turbulenzen innerhalb der Beziehung und steht im Horoskop der Begegnung für alles, was in der Partnerschaft verdrängt und verleugnet wird. Am AC oder in Aspekt zu Venus weist er auf eine schicksalhafte Begegnung hin. Im zweiten Haus erzeugt Pluto Machtkämpfe im Bereich der gemeinsamen Finanzen – Geld ist Macht in dieser Beziehung. Mit Pluto im dritten Haus ist Wissen Macht. Der gebildetere oder intelligentere Partner nimmt eine dominantere Rolle ein. Pluto im zehnten Haus ermöglicht dem Paar eine gesellschaftlich einflussreiche Stellung und/oder lässt viel Kraft und Wandlungsenergie in die gemeinsame Berufung fließen. Steht Pluto im fünften Haus, sind die Partner bei sexueller Begegnung seelisch verbunden.

Lilith

Der Schwarze Mond ist zwar kein Planet, aber dennoch der dritte Faktor, der Sexualität in der Astrologie symbolisiert. Sex hat mit Lilith eine triebhafte Natur. Der Schwarze Mond zeigt im Begegnungshoroskop heimliche Fantasien, die beide individuell oder als Paar hegen. Gefühle sind mit Lilith in dominanter Stellung sehr ambivalent. Lilith im dritten Haus kann Verweigerung einer offenen Kommunikation bedeuten und Schweigen als Strafe. Lilith im vierten Haus zeigt in der Kindheit beider Partner ähnlich schwierige Bedingungen, es kann aber auch sein, dass die gemeinsame Wohnsituation sehr turbulent verläuft. Lilith im siebten Haus symbolisiert eine dritte Person, die die Partnerschaft bedroht, während Lilith im sechsten Haus darauf hinweist, dass die Verteilung alltäglicher Aufgaben Konflikte bereitet. Im zwölften Haus weist Lilith auf versteckte Kräfte hin, die die Partnerschaft unbewusst unterminieren.

Aszendent und Deszendent

Das Zeichen am Aszendent symbolisiert die Art des Eindrucks und die Reaktion der Umwelt, wenn ein Paar auftritt. Der AC lässt die gemeinsame Aufgabe erkennen, die das Paar zu erfüllen hat. Das Zeichen am Deszendent kennzeichnet die Erwartungen beider an die Partnerschaft und ihre Bedürfnisse, die gestillt werden sollen.

AC in Widder/DC in Waage. AC: Das Paar wirkt dynamisch und lebendig, die Partner sind eigenständig und können sich viel Freiraum lassen. Ihre Aufgabe besteht darin, Konfliktbereitschaft zu entwickeln und direkt und spontan miteinander umzugehen. DC: sie wünschen sich rücksichtsvollen Umgang miteinander und Zeit harmonischen Zusammenseins.

AC in Stier/DC in Skorpion. AC: Die Partner erwecken Vertrauen und strahlen Wärme aus. Ihre Aufgabe besteht darin, Eifersucht und Besitzansprüche aufzugeben zugunsten selbstverständlicher Treue in der Beziehung. DC: anstatt Kontrolle und Manipulation auszuüben ins Vertrauen gehen. Beide wünschen sich Tiefe und Leidenschaft.

AC in den Zwillingen/DC in Schütze. AC: Das Paar ist aufgeschlossen und kontaktfreudig. Ihre Vielseitigkeit als Partner lässt sie sympathisch und beliebt sein. Die Aufgabe beider Partner besteht darin, Kommunikation aufrechtzuerhalten und Flexibilität als gemeinsame Stärke zu entwickeln. DC: Treibstoff für die

Beziehung sind Weitblick und Visionen für die gemeinsame Zukunft.

AC in Krebs/DC in Steinbock. AC: Die Partner strahlen seelische Verbundenheit aus, ihre Nähe vermittelt Wärme und Geborgenheit. Ihre Aufgabe ist es, sich gegenseitig liebevoll zu umsorgen und sich Aufmerksamkeit und Zärtlichkeit zu schenken, ohne Erwartungen an den andern zu haben. DC: Die Beziehung soll Struktur und Sicherheit bieten.

AC in Löwe/DC in Wassermann. AC: Das Paar besitzt Ausstrahlung und vermittelt Fröhlichkeit. Ehrlichkeit und Loyalität innerhalb der Beziehung ist die Aufgabe der Partner. DC: Humor, Originalität und Toleranz sorgen für Lebendigkeit.

AC in der Jungfrau/DC in den Fischen. AC: Als Paar wirken die Partner nüchtern und sachlich, in Gegenwart anderer unsicher. Die gemeinsame Aufgabe besteht darin, Lebenstüchtigkeit und gegenseitige Zuverlässigkeit zu erlangen. DC: Seelische Verbundenheit, Hilfsbereitschaft und Mitgefühl wollen gelebt werden.

AC in der Waage/DC in Widder. AC: Die Partner bilden eine Einheit, haben eine harmonische, angenehme Ausstrahlung, sind verbindlich und an Kontakten interessiert. DC: Ein bisschen Streit ist das Salz im Leben. Es muss gelernt werden, Konflikte auszutragen.

AC in Skorpion/DC in Stier. AC: Die Partner schließen andere aus und möchten viel Zeit alleine miteinander verbringen. Sie wirken vorsichtig und beherrscht. Gegenseitiges Dominanzstreben soll abgebaut und Macht nicht für Machtkämpfe missbraucht werden, sondern um Krisen gemeinsam zu bewältigen und die Beziehung zu wandeln. DC: Beständigkeit und Ausdauer sind Voraussetzungen in dieser Partnerschaft. Probleme wollen mit Geduld gelöst werden.

AC in Schütze/DC in den Zwillingen. AC: Die Partner wirken optimistisch und weltgewandt. Ihre Begeisterung für Erfahrungen des Lebens ist ansteckend, die gemeinsame Energie für wichtige Ziele einzusetzen ist Aufgabe. DC: Spiel und Humor dürfen in der Partnerschaft nicht fehlen. Ein reger Austausch sorgt für freundschaftliche Gefühle zwischen den Partnern.

AC in Steinbock/DC in Krebs. AC: Das Paar kann unnahbar wirken und strahlt Autorität aus. Verantwortung füreinander und die Beziehung ist die Aufgabe. Versprechen müssen gehalten werden und die Beziehung als warmes Nest wirken. Ein Ziel dieser Partnerschaft ist Familie.

AC in Wasserman/DC in Löwe. AC: das Paar wirkt andern gegenüber unverbindlich und sorgt mit getroffenen Entscheidungen für Überraschungen. Aufgabe ist es, sich gegenseitig Freiraum zu gewähren und Freundschaft zu entwickeln. DC: Die Partnerschaft soll im Zentrum des Universums stehen, die gemeinsamen Anliegen sind das Wichtigste.

AC in den Fischen/DC in der Jungfrau. AC: Das Paar erscheint etwas weltfremd, ihr Mitgefühl für andere ist echt, ihr Handeln einfühlsam, sich füreinander emotional zu öffnen, ist ihre Aufgabe. DC: Das Paar muss Realitätssinn entwickeln und seine Beziehung auf ein reales Fundament stellen.

Planeten am Aszendenten

Sonne in Konjunktion zum AC: Die Beziehung spielt die zentrale Rolle im Leben des Paares. Für die Verwirklichung der gemeinsamen Ideale wird viel Energie aufgewendet. Das Paar strahlt Kraft und Lebendigkeit aus.

Mond in Konjunktion zum AC: In dieser Partnerschaft nehmen Emotionen viel Raum ein. Die Partner fühlen sich miteinander seelisch »zu Hause« und der gefühlvolle Austausch ist wichtiger Bestandteil der Beziehung.

Merkur in Konjunktion zum AC: Kommunizieren ist von höchster Wichtigkeit, sämtliche Kommunikationsmedien werden eingesetzt, alles wird gemeinsam besprochen und kommentiert. In dieser Beziehung sind Bewegung und Dynamik das Lebenselixier.

Venus in Konjunktion zum AC: Es handelt sich zweifellos um eine Liebesgemeinschaft. Freundschaft, Zärtlichkeit und Sympathie binden die Partner aneinander. Erotik und Sexualität bleiben erhalten.

Mars in Konjunktion zum AC: In dieser Beziehung herrschen Wettbewerb und Konkurrenz. Das Paar erregt Aufsehen, auch durch Streit in der Öffentlichkeit. Leidenschaftliche Momente, heftige Konflikte und Reibereien wechseln sich ab. Streit als Salz der Beziehung.

Jupiter in Konjunktion zum AC: Hier finden sich gegenseitiges Wohlwollen und Vertrauen. Das Paar erlebt Beziehung als Herausforderung, und die Risiken einer Partnerschaft werden nicht gescheut. Ein vielversprechendes gemeinsames Leben.

Saturn in Konjunktion zum AC: Beziehung ist für beide eine Angelegenheit, die Verantwortung und Disziplin erfordert. Neuen Erfahrungen begegnet das Paar mit Vorsicht. Bevor die Beziehung stabil und dauerhaft sein kann, müssen einige Prüfungen bestanden werden.

Uranus in Konjunktion zum AC: Unvorhersehbare Ereignisse prägen diese Partnerschaft. Das Zauberwort dieser Beziehung ist Freiheit und Selbstbestimmung, sie verträgt keinerlei Einschränkung. Die Liebe schlug wie ein Blitz aus heiterem Himmel in das Leben dieser Menschen ein.

Neptun in Konjunktion zum AC: Diese Partner erleben ihre Bindung auf gefühlvolle und verträumte Weise. Sie sind sehr empfänglich für die Gefühle des anderen. Ist Neptun durch Spannungsaspekte verletzt, können Heimlichkeiten, Betrug und Unbeständigkeit die Beziehung trüben.

Pluto in Konjunktion zum AC: Die Partner haben starken Einfluss aufeinander. Schon die erste Begegnung erlebten sie als schicksalhaft. Weder Liebe noch Hass bringen sie auseinander. Diese Partnerschaft erlebt Umbrüche und Wandlungen.

Lilith in Konjunktion zum AC: Eine Beziehung wie Spiel mit dem Feuer. Lilith ist keine Göttin der Verschmelzung und Innigkeit. Abbrüche und Zeiten der Distanz müssen bewältigt werden. Faszination und Verachtung wechseln sich ab. Sexualität ist die Kraft, die fesselt und zusammenhält.

Chiron in Konjunktion zum AC: Die Partner reagieren auf Kritik empfindlich und aggressiv. Geburtshelfer Chiron verhilft zu tiefen Erkenntnissen über den Sinn einer Partnerschaft und führt zu einer reifen Beziehung.

Begegnungen: Dem Augenblick Dauer verleihen

Bei den im Folgenden vorgestellten Beispielen werden nicht alle Winkelverbindungen im Begegnungshoroskop gedeutet. Es werden bespielhaft die markantesten Themen herausgegriffen. Bei der Beratung gestaltet sich die Analyse der Aspekte umfangreicher.

Gegensätze ziehen sich an

Anja, eine Frau aus Süddeutschland, lernte während eines Urlaubs an der Riviera einen italienischen Mann kennen. Beide spürten sofort eine sehr starke körperliche Anziehung. Ich gebe wieder, was mir Anja in einer E-Mail schrieb. Sie charakterisierte die Beziehung zu Pierpaolo so:

»Unsere Beziehung war von Anfang an von großer Anziehungskraft geprägt, sehr wahrscheinlich war dies auch der tragende Ast unserer Verbindung. Noch ein starker Anziehungspunkt war die Faszination der Andersartigkeit …

Wir wollten damit beide ein Stück … über den eigenen Tellerrand hinaussehen. Er verkörperte für mich die Männlichkeit schlechthin und ich für ihn die Weiblichkeit schlechthin, … aber in der Realität war unser Bild davon doch sehr unterschiedlich. Pierpaolo konnte nicht viel Nähe ertragen, daran ist am Ende die Beziehung wohl auch gescheitert und an den verschiedenen Visionen, die ein jeder über das Leben in einer Partnerschaft hatte. Er beendete dann die Beziehung.«

Ihre erste Begegnung fand am 8. Oktober 2008 statt (Abb. 4) und das Geschilderte spiegelt sich darin wider. Die Stellung von Venus im neunten Haus zeigt, dass es um eine Begegnung zweier Menschen verschiedener Nationalitäten geht. Venus in Skorpion in Quadrat zu Chiron und den Mondknoten und Sonne und Mars im achten Haus geben Hinweis auf eine unwiderstehliche sexuelle Anziehung. Auch Merkur, der Herrscher von Haus 5 (Sexualität und Liebesaffäre) ist im achten Haus platziert. Das Prinzip Skorpion/Pluto/achtes Haus symbolisiert die Erfahrung einer intensiven sexuellen Beziehung. Die beiden Herrscher der Zeichen Skorpion – Mars und Pluto – stehen in Sextil zueinander. Chiron und der nördliche Mondknoten bilden eine Konjunktion zum AC und ein Quadrat zu Venus. Diese astrologischen Verbindungen lassen erkennen, dass sich der Verlauf der Beziehung durch unversöhnliche Gegensätze der Charaktere von Anja und Pierpaolo schwierig gestalten wird. Tatsächlich weisen auch die persönlichen Horoskope auf starke Unterschiede ihrer Persönlichkeiten hin. Die Stellung Neptuns im ersten Haus in Quadrat zu Venus zeigt, dass die Beziehung, anfänglich sehr idealisiert und meistens nur am Wochenende gelebt, sich für Anja immer mehr als Enttäuschung erwies. Venus in Sextil zu Jupiter und Saturn ist jedoch ein klarer Hinweis auf dauerhafte Liebe und Zuneigung. Anja und Pierpaolo haben sich geliebt, aber ihre unterschiedlichen Auffassungen über Liebe machten das Zusammenleben unmöglich. Pierpaolo hat im Radix eine Konstellation, die Nähe in einer Beziehung nicht zulässt. Der Mond in Wassermann am Aszendent steht in Konjunktion zu Saturn und in Quadrat zu Neptun. Er verträgt nicht viel Intimität und intensive Gefühle, während Anja mit Sonne und noch zwei persönlichen Planeten in Stier die körperliche Anwesenheit der geliebten Person braucht. Nach vier bewegten Jahren haben sich Anja und Pierpaolo getrennt. Am Tag der Trennung, dem 8. Oktober 2012, stand Saturn in Transit in Konjunktion zu Mars und in

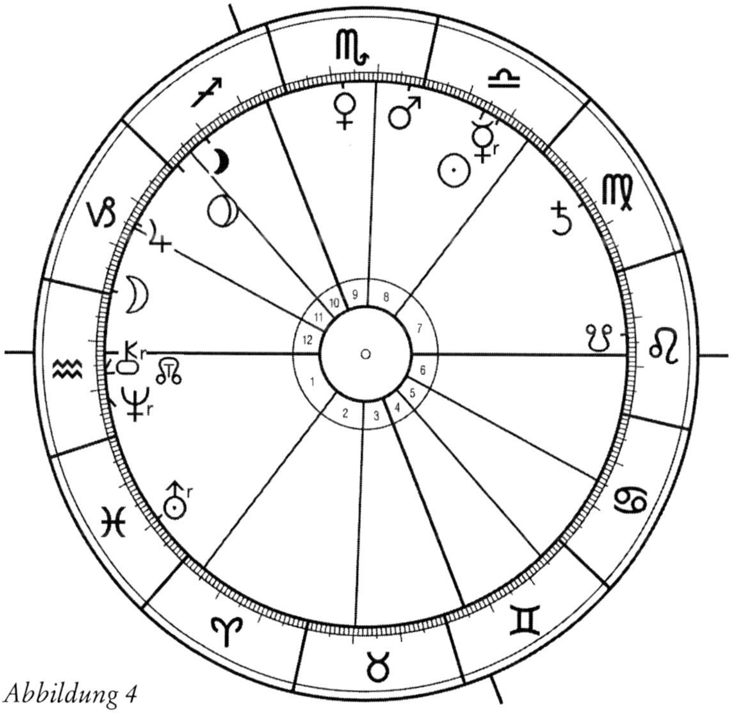

Abbildung 4

Quadrat zum Mond des Begegnungshoroskops. Sehr interessant ist, dass die Beziehung nach vier Jahren am exakt gleichen Tag wie dem der Begegnung beendet wurde. Es ist in diesem Fall angebracht, auch kurz das Solar anzusehen. Im Jahreshoroskop der Begegnung befindet sich Venus im siebten Feld in Opposition zu Neptun, Saturn als Herrscher des AC in Steinbock in Quadrat zur Aszendenten/Deszendenten-Achse, Mars in Quadrat zu Neptun und in Opposition zu Lilith. Abschließend sei betont, dass die Beziehung sich wandelte und jetzt als tiefe Freundschaft gelebt wird. Sonne im achten Haus und Pluto im elften Feld unterstreichen die intensive transformative Energie, die die Wandlung der Beziehung ermöglichte.

Probezeit

Iben und Thorben begegneten sich bei einem Seminar für berufliche Fortbildung. Während der Kaffeepausen kamen sie immer wieder ins Gespräch und sie waren einmal gemeinsam zu Tisch. Jeder spürte bei sich starke Sympathie für den anderen, was aufgrund des formellen Rahmes der Veranstaltung jedoch nicht zum Ausdruck kam. Am Ende der Veranstaltung bei der Verabschiedung umarmten sie sich und vergaßen für einen langen Moment alles um sich herum. Danach ging jeder seinen Weg. Die Begegnung hinterließ bei beiden einen tiefen Eindruck und so war Iben hoch erfreut, als sie nach einer Woche eine E-Mail von Thorben erhielt, in der er seine Freude über das Kennenlernen zum Ausdruck brachte. Daraus entwickelte sich in den folgenden Wochen ein reger Austausch von E-Mails, schließlich auch regelmäßig Telefonate, die beidseitig den deutlichen Wunsch nach einer Begegnung erkennen ließen. Allerdings lagen ihre Wohnorte mehr als 650 km auseinander und erschwerend kam hinzu, dass Iben noch mit einem Partner zusammenlebte. Nach drei Monaten trafen sie sich erstmals wieder und das Zusammensein hinterließ bei beiden einen sehr nachhaltigen Eindruck. Allerdings blieb ein weiteres Wiedersehen aufgrund der unklaren Lebensumstände von Iben zunächst ausgeschlossen, was beide jedoch nicht daran hinderte, ihren Kontakt per SMS, Telefon oder Skype weiter zu intensivieren. Es sollte noch seine Zeit dauern, denn erst nach weiteren drei Monaten sahen sie sich wieder.

Das Horoskop zum Zeitpunkt der ersten Begegnung (Abb. 5) lässt die Situation sofort wiedererkennen. Saturn steht im ersten Haus, es ist also mit einer Stockung zu rechnen. Zugleich befindet sich Mond ebenso im ersten Haus, das heißt die emotionale Verbindung ist vorhanden. Einen weiteren Hinweis gibt die Venus-Lilith-Konjunktion im zwölften Haus. Die Beziehung findet im Verborgenen statt, da einer der Beteiligten nicht frei ist. Die Sonne als Herrscherin vom Haus 9 verweist auf die Fernbeziehung, was bei beiden eine starke Sehnsucht auslöst (Venus in Haus 12). Venus

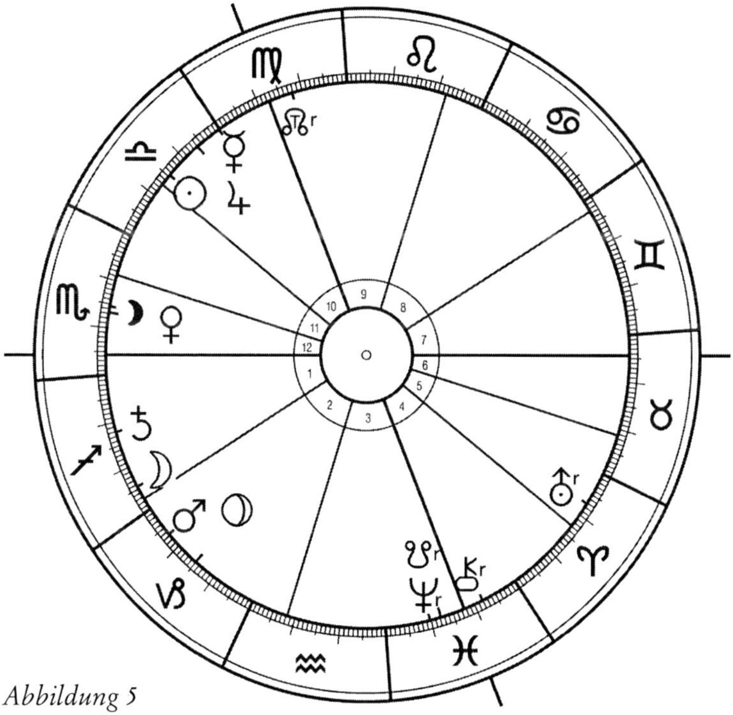

Abbildung 5

und Lilith besagt aber auch, dass das Paar, falls es beiden gelingt, eine gleichberechtigte Beziehung aufzubauen, eine sehr tiefe Begegnung erfahren wird. Merkur Konjunktion Jupiter lässt ein reges Kommunikationsverhalten erkennen, was nicht nur für die Überbrückung der langen Zeit des Wartens, sondern auch räumliche Entfernung sehr dienlich ist.

Im Begegnungshoroskop lässt sich die starke gegenseitige Anziehung gut ersehen. Der Skorpion-Aszendent steht für eine leidenschaftliche Betonung, die auch von der Außenwelt so wahrgenommen wird. Uranus im fünften Haus zeigt, dass zwischen beiden eine starke sexuelle Anziehung vorliegt, die durch das Trigon zum Mond einen liebevollen Umgang erfährt. Es sollte beiden auch gelingen, das Thema Nähe und Distanz in einem ausgewogenen Verhältnis leben zu können.

Die drei Planeten im zehnten Haus könnten darauf verweisen, dass beide eine gemeinsame Berufung haben oder beruflich etwas unternehmen, was durch das Trigon Plutos zum MC unterstrichen wird. Chiron im vierten Haus zeigt, dass beide in ihrer Kindheit ähnlichen Themen begegnet sind, dass sie z.B. Außenseiter aufgrund der Herkunftsfamilien waren. Mars und Pluto, die Herrscher über den Aszendenten, stehen in weiter Konjunktion zueinander, was darauf hindeutet, dass beide Partner die Fähigkeit haben, Auseinandersetzungen zu transformieren und so die Beziehung zu festigen.

Ein Traum von einem Mann

Ada besuchte mit Freunden eine Veranstaltung in der Silvesternacht. Kurz nach Mitternacht entdeckte sie unter den Menschen, die bei dem Konzert waren und tanzten, einen jungen Mann. Sie fühlte eine starke innere Regung und dachte: »Der ist es!« Sie war verlobt und verliebte sich in den Fremden. In den nächsten beiden Jahren traf sie den Mann gelegentlich an verschiedenen Orten. Sie blieb mit ihrem Verlobten zusammen und trug innerlich das Bild des Fremden mit sich. Sie träumte oft von ihm und sehnte sich nach einer Begegnung mit diesem Mann. Durch gemeinsame Bekannte lernten sie sich kennen. Auch bei Tommaso regte sich Liebe, aber da Ada verlobt war, wagte er nicht, sie anzusprechen, so dass Ada vermutete, er habe kein Interesse an ihr. Kurz nach diesem Kennenlernen heiratete Ada ihren Verlobten und zog mit ihm nach Sardinien. Am 24. Dezember 1976 um 20.30 Uhr, bei einem Besuch der Eltern in ihrer Stadt, begegneten sich Ada und Tommaso und gestanden sich ihre Liebe.

Das Horoskop der ersten Begegnung am 1. Januar 1974 (Abb. 6) zeigt einige dominante Planeten: Pluto steht in Konjunktion zum AC, Sonne und Lilith stehen in Konjunktion zum IC und Chiron

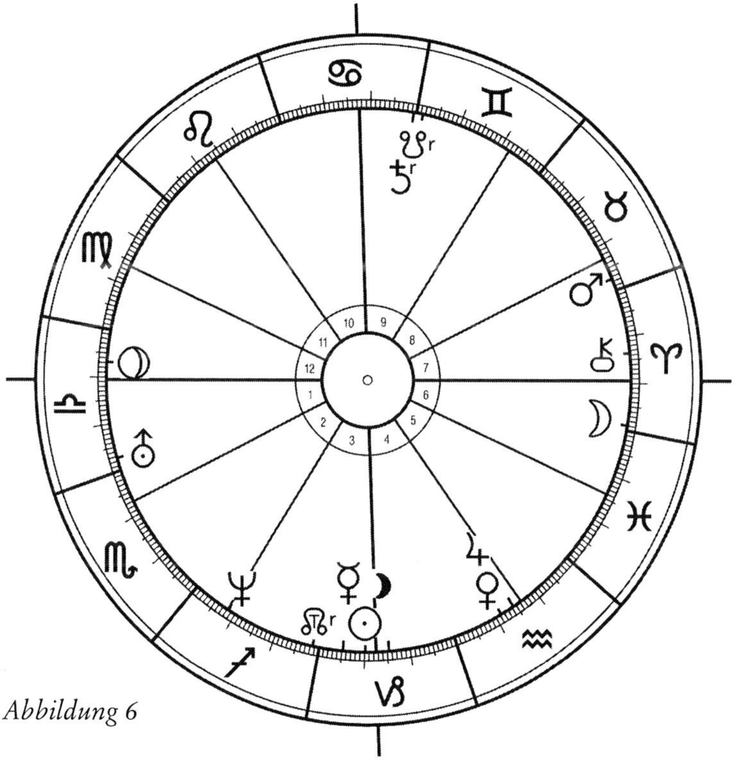

Abbildung 6

sehr nah am DC. Eine Begegnung mit vielen dominanten Planeten und vielen Spannungsaspekten setzte eine starke Energie frei, die in den Herzen beider einen starken Eindruck hinterließ. Diese Beziehung wurde im Lauf der Zeit auf innerer Ebene sehr stark erlebt, fand aber in der Realität keine Möglichkeit des Ausdrucks. Die intensiven Gefühle, von beiden heimlich gehegt, werden von Mond in Opposition zu Pluto und einer Jupiter/Venus-Konjunktion im vierten Haus in Trigon zu Pluto im zwölften Haus dargestellt. Der Mond in Quadrat zu Saturn zeigt, dass Ada und Tommaso an der Unmöglichkeit, die Beziehung zu leben, litten. Dass sie fern voneinander lebten, zeigt Saturn im neunten Haus des Begegnungshoroskops. Uranus im ersten Haus in Opposition zu Mars im siebten Haus und die Kardinalzeichen am AC/DC und am MC/IC verdeutlichen die Instabilität der Bindung. Ein Vergleich des Begegnungshoroskops zu den Einzelhoroskopen gibt uns wertvolle Hinweise über die Gefühle beider im Moment der Begegnung. Die Konjunktion Venus/Jupiter fällt auf die Sonne und den DC von Adas Horoskop: Ada verliebte sich sofort in Tommaso, dies wird auch durch das Trigon vom Mond der Begegnung zu Adas Uranus bestätigt: Liebe auf den ersten Blick. Die Sonne der Begegnung befindet sich in Konjunktion zum Mond von Tommaso, seine Venus steht in Quadrat zum Mars des Begegnungshoroskops. Tommaso erzählte später, auch er habe Ada gesehen und sich sofort von ihr angezogen gefühlt. Sonne/Mond und Venus/Mars stehen in der Astrologie für archetypische Begegnungen zwischen Mann und Frau, da diese Planetenpaare komplementär sind.

An dem Abend, an dem Ada und Tommaso sich ihre Liebe gestanden (24. Dezember 1976), zeigt das Horoskop ähnliche Themen. Ada war schon verheiratet und die Beziehung zu Tommaso war nicht mehr möglich. Saturn ist in diesem Horoskop dominant am AC in Quadrat zu Lilith und in Opposition zur Mond/Venus-Konjunktion. Dieses T-Quadrat symbolisiert Verzicht und Schmerz. Die Unmöglichkeit eines Zusammenlebens wird aus der Konjunktion von Uranus zum IC unterstrichen, die Ferne, die sie trennte, ist sichtbar an der Stellung Chirons im neunten Haus. Neptun mit seinen Aspekten zeigt in beiden Begegnungshoroskopen die gegenseitige Idealisierung und eine Liebe, die nur innerlich gelebt werden kann. Bei der ersten Begegnung steht Neptun im Sextil zur Venus/Jupiter-Konjunktion und zum AC. Beim Treffen am 24. Dezember 1976 bildet Neptun ein Sextil zur Mond/Venus-Konjunktion und ein Trigon zum AC.

Komm näher, geh' weg

Pierre und Gisela sahen sich im Frühjahr 2014 zum ersten Mal (Abb. 7). Beide nahmen an diesem Wochenende an einem Kongress

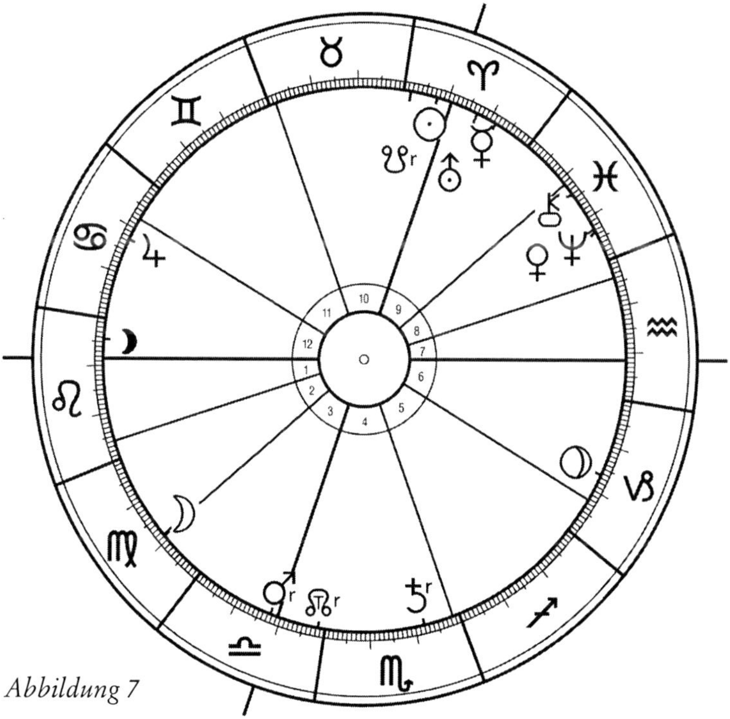

Abbildung 7

teil. Ein gemeinsamer Geschäftspartner stellte sie einander vor. Das Gespräch war rein geschäftlicher Natur – bis auf einen kurzen Moment, in dem sie sich in die Augen blickten. Da über eine engere Kooperation beider Firmen verhandelt wurde, blieben Pierre und Gisela in der Folgezeit geschäftlich in regelmäßigem telefonischem Kontakt. Bei diesen Telefonaten floss hie und da auch Persönliches ein. Nach etwa einem Jahr arrangierten sie ein privates Treffen und sie kamen sich näher.

Da Gisela und Pierre in verschiedenen Ländern wohnen, konnte sich nur eine Fernbeziehung entwickeln, die an Wochenenden oder in den Ferien gelebt wurde, was auch gut so ist, da Pluto im Horoskop der ersten Begegnung im sechsten Haus steht. Somit wäre ein gemeinsamer Alltag für beide zu intensiv.

Zu persönlicher Annäherung kam es, als Lilith auf den Mond des Begegnungshoroskops zu lief. Dies verweist in der Regel auf eine sehr starke Anziehungskraft. Die Begegnung wird idealisiert und wirkt schicksalhaft, mündet aber meist in gegensätzliche Gefühle und Gedanken. Genau diese Thematik zeigt auch das Begegnungshoroskop selbst, denn hier steht Lilith am Aszendent, was typisch ist für Verhältnisse, in denen es starke Ambivalenzen gibt.

Betrachten wir das Horoskop der ersten Begegnung, fällt sofort die dominante Stellung von Uranus auf, der nicht nur am MC platziert ist, sondern auch viele Spannungsaspekte bildet. Ein dominanter Uranus spricht für eine auf Distanz gelebte Beziehung. Die vielen Spannungswinkel zeigen, dass diese Distanz nicht nur räumlich existiert, sondern die Partner generell Probleme mit Nähe und Distanz haben.

Der Mond symbolisiert im Partnerschaftshoroskop nicht nur die emotionale Seite der Beziehung, sondern verkörpert auch die weibliche Person. Hier steht der Mond in Opposition zu Chiron und zeigt damit bei der Frau starke Verletzungen aus der Vergangenheit, welche die Hingabefähigkeit blockieren. Diese Opposition bedeutet auch, dass diese Erfahrungen die emotionale Nähe zu ihrem Freund nicht einfach gestalten. Bei Chiron in Opposition zu Mond hat die Partnerin oft das Gefühl, dem Partner nicht zu genügen.

Sonne und Mars stehen für die Empfindungen des Mannes. Beide Planeten bilden in diesem Begegnungshoroskop eine Opposition, die auf Schwierigkeiten mit dem männlichen Prinzip schließen lassen, Mars ist zudem rückläufig, das Männliche kommt nur gehemmt zum Ausdruck. Die Opposition des Mondknotens und des rückläufigen Mars zur Sonne verweist auf Spannungen bei Hingabe.

Im Horoskop der Begegnung stellen wir außerdem fest, dass auch Pluto eine große Rolle spielt. Er bildet ein Quadrat zu MC und Uranus, ein Quadrat zu Mars und eine Opposition zu Jupiter. Pluto verleiht dieser Beziehung etwas Schicksalhaftes. Da dieser Planet Teil eines T-Quadrats mit Uranus und Mars ist, zeigt er eine Blockade des Themas Sexualität an. Der Mond bildet ein Trigon zu Pluto. Dieses Trigon symbolisiert tiefe Gefühle füreinander. Wie anhand der beschriebenen Konstellationen schon gesagt, schreckt Gisela vor dieser Intensität zurück, sie erträgt dies nicht. Lilith im Trigon zu Merkur kommt den beiden jedoch zu Hilfe, denn beide haben keine Ängste, heikle Themen offen zu besprechen.

Der nördliche Mondknoten, als Faktor für Vorherbestimmung, steht im vierten Haus, ebenso der rückläufige Saturn und der rückläufige Mars, der in diesem Bereich einige harte Aspekte empfängt. Dies sind Hinweise für Erfahrungen und Blockaden, die mit der Vorgeschichte beider oder eines von beiden zu tun haben, meist sind dies schwer zu bearbeitende Themen. Da der absteigende Mondknoten zudem in Konjunktion zur Sonne steht, können beide Erfahrungen wie Angst, Gewalt und Angst vor Hingabe aus alten Beziehungen in sich tragen.

Nicht zu übersehen ist Venus in enger Konjunktion zu Neptun. Dies deutet auf eine starke seelische Verbundenheit hin, die auch ungeachtet sexueller Anziehung gelebt werden kann. Chiron an Spitze des neunten Hauses zeigt die Möglichkeit spiritueller Freundschaft an.

Metamorphose

Dieses Beispiel ist interessant als Geschichte und als Horoskop. Es geht um das Radixhoroskop einer Eheschließung. 6. Februar 2016 um 18:15 in Orbetello, Italien (Abb. 8).

Davide, der Bräutigam, ist eine junge Frau namens Valentina und Alessia, die Braut, ein junger Mann namens Alessio. Davide und Alessia konnten heiraten (in Italien ist die Homo-Ehe noch nicht gesetzlich), weil sie laut Gesetz Mann und Frau sind, wenn auch mit vertauschten Rollen. Der Beamte, der die Ehe schloss, respektierte ihre Identität und sprach sie während der Trauung als Davide und Alessia an. Bald wird es auch gesetzlich so sein, da die beiden durch Operationen ihr Geschlecht ändern lassen. Sie werden dann auch für den italienischen Staat endlich Alessia und Davide sein.

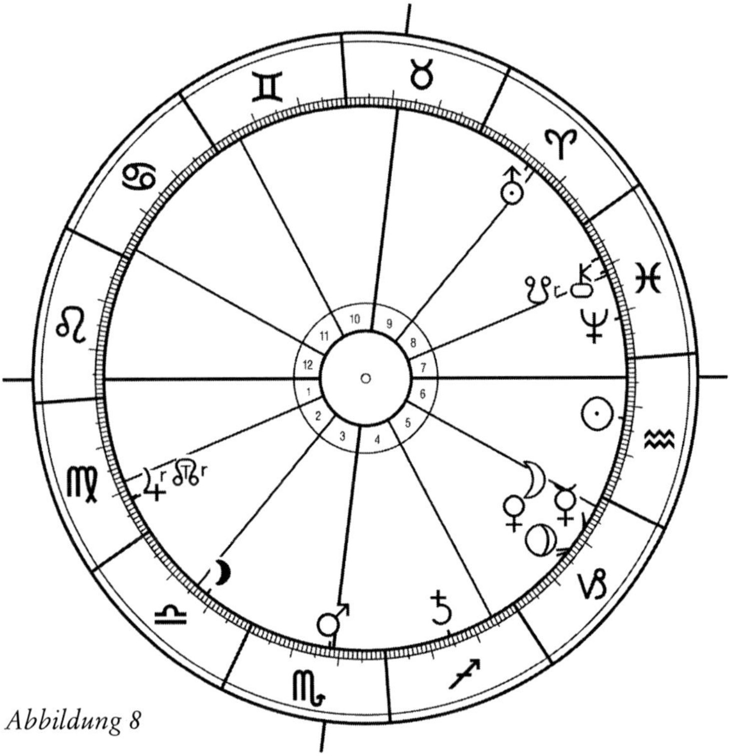

Abbildung 8

Sie wollen nochmals heiraten, wenn die Geschlechtsumwandlung vollzogen sein wird. Ganz Orbetello, eine Stadt in der Toskana, war bei der Trauung anwesend und bekundete Alessia und Davide ihre Zustimmung. Dank Davides (Valentinas) Vater, der dem Paar Geld schenkte, können Davide und Alessia ihren Traum eines gemeinsamen Kindes verwirklichen. Alessia und Davide werden nach Kiew reisen, dort wird das Kind von einer Leihmutter in einer Klinik ausgetragen werden.

Dies ist ein Ereignishoroskop, ich kenne die Geschichte aus der Zeitung und aus den italienischen Medien, private Auskünfte über die beiden und ihre Beziehung zueinander habe ich nicht. Ich werde bei der Deutung des Horoskops die wichtigsten Konstellationen erläutern, die mit der Besonderheit der Braut und des Bräutigams sowie ihrer Ehe zusammenhängen.

Es handelt sich hier um eine Umwandlung der geschlechtlichen Identität. Die Häuser 5 und 8 und die Planeten Sonne, Mond, Venus, Mars und Lilith sowie der Herrscher des fünften und des achten Feldes und Pluto als Planet der Wandlung sind die Faktoren, die ich für diesen Fall analysiere. Was meine Aufmerksamkeit sofort erweckte, ist die Konjunktion zwischen Venus und Pluto im fünften Haus, viele wichtige Planetenverbindungen sind mit dieser Konjunktion verbunden. Noch ein wichtiger Hinweis ist die Herrschaft von Jupiter. Dieser Planet ist sowohl der Herrscher von Haus 5 als auch von Haus 8 und steht in Konjunktion zum nördlichen Mondknoten im zweiten Haus. Das zweite Haus symbolisiert unseren physischen Körper und den Wert, den wir ihm beimessen. Jupiter in diesem Sektor als Herrscher der Häuser, die die Sexualität versinnbildlichen, steht in Trigon zur Venus/Pluto-Konjunktion. Es ist zu sehen, dass die Annahme der jeweils anderen geschlechtlichen Identität für die beiden seelisch (Jupiter Trigon Mond) stimmiger und insgesamt glücklicher ist. Ihr Selbstwert als Individuen litt nicht durch die Entscheidung, sich umzuwandeln und zu heiraten: Die ganze Stadt hat ihrer Eheschließung zugestimmt und ihnen Beifall bekundet. Die sexuellen Planeten Venus und Mars sind durch ein Sextil harmonisch miteinander verbunden. Auch Sonne und Mond zeigen einige harmonische Konstellationen. Die Sonne bildet ein Sextil zu Uranus und zu Saturn und der Mond ein Trigon zu Jupiter. Ich denke, Davide und Alessia werden als Ehepartner harmonisch zusammenleben. Das Kind, das auf so unorthodoxe Weise zur Welt kommen wird, ist durch die Konjunktion Venus/Pluto in Quadrat zu Lilith und Uranus symbolisiert.

Sehr ausdrucksvoll ist die Opposition zwischen Uranus im neunten und Lilith im dritten Haus. Diese beiden Faktoren bringen auf kollektiver Ebene durch ihre Opposition Umwälzungen und Veränderungen auf gesellschaftlicher Ebene. In einem Land wie Italien wird diese Ehe als Sinnbild fortschreitender Veränderungen gesellschaftlicher Sitten verstanden. Transite zwischen Uranus und Lilith sind nicht frei von Widerspruch und wühlen die Gemüter auf. In diesem Horoskop stehen Lilith und Uranus in Quadrat zur Venus/Pluto-Konjunktion und zeigen die mächtige Auswirkung, die die Entscheidung dieser beiden jungen Menschen in einem Land wie Italien haben wird. Das Ereignis ist einer Revolution gleichzusetzen.

Begegnungen mit Kindern

Mutterliebe altert nie

Jedes Geburtshoroskop ist immer zugleich auch das Horoskop der ersten Begegnung zwischen Mutter und Kind. Ebenso zwischen Vater und Kind, falls dieser bei der Geburt zugegen ist. Dies ist heute meistens der Fall, sodass man es als eine Begegnung mit den Eltern deuten kann. Es handelt sich also um ein Horoskop, das eine Doppelbedeutung aufweist. Im dem Augenblick, in dem wir das Licht der Welt erblicken, begegnen wir unseren Eltern zum ersten Mal und diese uns ebenso. Jedes Mal, wenn wir ein Geburtshoroskop deuten und die Beziehung zu den Eltern schildern, deuten wir das, was bei der ersten Begegnung mit den Eltern schon sichtbar ist.

Bei dem nächsten Beispiel (Abb. 9) versuche ich ein Geburtshoroskop unter diesem Gesichtspunkt zu deuten. Bei der Geburt dieses Kindes war auch der Vater anwesend. Der Aszendent fällt im Moment der Geburt in den Schützen. Sein Herrscher Jupiter ist ziemlich stark gestellt, er ist im zweiten Haus in Wassermann und bildet ein Sextil zu dem AC und ein Trigon zu dem MC, außerdem auch ein Quadrat zu Mars. Das neunte Haus, das zu dem Schütze-Jupiter-Prinzip gehört, empfängt die Sonne, Merkur und den Nordknoten in Konjunktion zu Lilith. Es handelt sich in hier um eine starke Färbung dieses Prinzips. Die Eltern sind weltoffene und tolerante Personen, die ihrer Tochter ihre Offenheit und ihre Toleranz vermittelt haben. Kind und Eltern teilen in ihrer Beziehung die Liebe

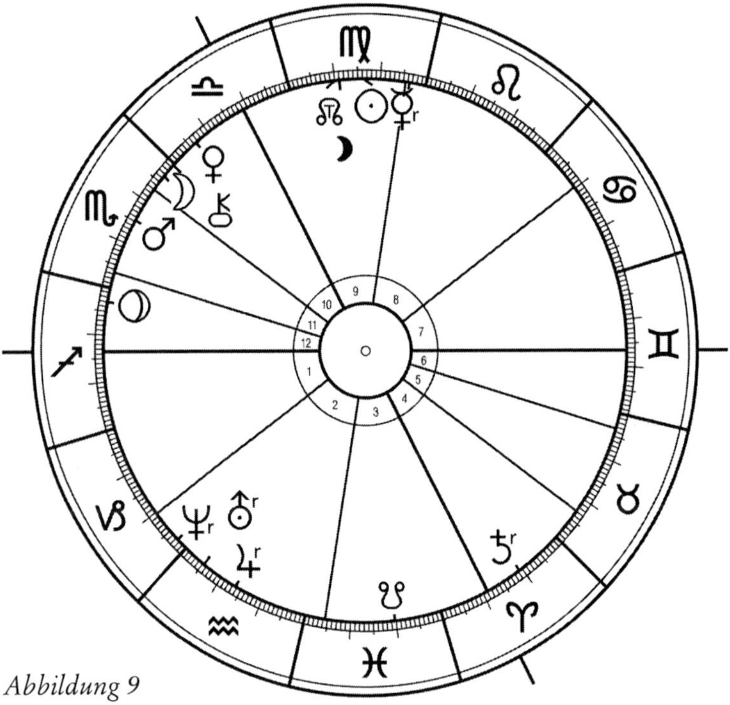

Abbildung 9

zu Wissen, Bildung und das Interesse an Themen wie Spiritualität, Astrologie und Humanismus. Jupiter in Wassermann, begleitet von Uranus und Neptun im zweiten Haus, zeigt, dass die Werte der Eltern überhaupt nicht konservativ sind, und dass die Tochter als Erwachsene einen Lebensweg einschlagen wird (Jupiter in Trigon zum MC), der sich nach dieser Werten richten wird.

Saturn im vierten Haus zeigt, dass sowohl das Kind als auch die Eltern eine feste Bindung zueinander pflegen, die im Gegensatz zu dem Bedürfnis von allen drei Beteiligten steht, Erfahrungen außerhalb des familiären Kreises zu erleben. Eine wichtige Aufgabe von diesen drei Personen wird es sein, die Fähigkeit zu entwickeln, sich von dieser festen Bindung zu lösen. Sowohl die Tochter als auch die

Eltern werden lernen müssen, die Ferne voneinander zu ertragen und einen Ablösungsprozess zu gestatten.

Wenn wir der Mond als die Beziehung zur Mutter analysieren, deutet er auf den Versuch der Mutter, die Tochter als Freundin (Mond fast auf der Spitze des elften Hauses) zu behandeln, was auf die Tochter als verwirrend wirkt (Mond Quadrat Neptun). Der Mond in Quadrat zu Uranus und Lilith in Konjunktion zu dem nördlichen Mondknoten zeigen ein wechselhaftes Verhältnis mit der Mutter. Sonne als Vaterbild im neunten Haus symbolisiert einen idealisierten Vater, der während der Kindheit der Tochter aus beruflichen Gründen nicht immer anwesend sein konnte und deswegen als fern von der Tochter erlebt wurde. Die Sonne in Sextil zu Mars zeigt, dass die Beziehung zwischen Vater und Tochter ermutigend und ermunternd wirkt.

Diese Deutung ist ein Versuch, die Färbung der Beziehung zwischen Eltern und Kind zu definieren, das gelebte Verhältnis zwischen Mutter und Tochter bzw. Vater und Tochter wird mit der Synastrie, mit dem Composit oder mit dem Combin eingehend gedeutet.

Kein Kind, keine Freude

Eine langjährige Freundin von mir hat vor 32 Jahren ein Kind aus Peru adoptiert. Diego war damals erst drei Wochen alt. Seine leibliche Mutter starb bei der Geburt und der Vater war kurz vor seiner Geburt bei einem LKW-Unfall ums Leben gekommen. Da in Italien die Bürokratie sehr langsam ist bei Adoptionsverfahren, entschieden Cristina und ihr Mann, ein Baby aus Südamerika zu sich zu nehmen. Das Horoskop der ersten Begegnung (Abb. 10) zwischen dem Paar und Diego ist für den 18. Juli 1984 um 10:15 h in Lima erstellt. Es zeigt ein AC in der Jungfrau. Dieses Zeichen passt sehr gut zu der Geschichte, da es mit allen bürokratischen Angelegenheiten zu tun hat. Das Verfahren zur Adoption war an-

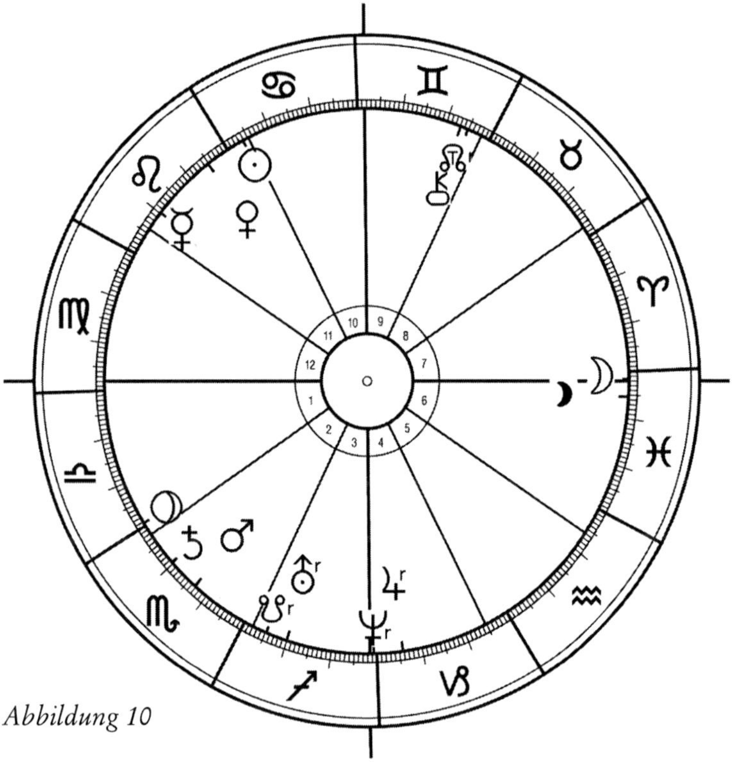

Abbildung 10

strengend und sehr aufwendig. Das Paar ist mehrmals nach Peru geflogen, bevor ihm dort ein Kind bewilligt wurde. Nachdem sie Diego kennengelernt hatten, mussten sie ein halbes Jahr in Lima bleiben und unter der Aufsicht von gesetzlichen Betreuern wohnen und sich langsam an das Kind annähern. Dabei wurde beobachtet, wie die Beziehung von den Adoptiveltern zu dem Kind klappte. Meine Freundin erzählte, dass sie schon bei der ersten Begegnung gespürt haben, das Diego »ihr« Kind war. Diego schlief und die anwesende Rechtsanwältin gab ihnen das Kind in den Arm. Beide fanden keine Worte und sie empfanden eine starke Liebe. Sie spürten um sich Frieden und Harmonie. Die harmonische Stimmung, die diese Begegnung begleitete, können wir anhand des ersten Hauses des Horoskops feststellen, denn dort ist das Zeichen Waage eingeschlossen. Auch das Trigon zwischen Sonne und Mond (der dominant am DC steht), ist ein Beweis für Liebe und Harmonie. Cristina beschreibt in einem Brief an mich diesen Augenblick der Freude: »Für mich und meinen Mann war es, als ob wir und Diego immer zusammen gewesen wären. Wir konnten nicht glauben, dass uns so viel Glück begegnet ist. Wir haben uns gefühlt, als ob wir drei gerade aus dem Kreissaal kommen würden, alles war natürlich und unsere Herzen waren von Dankbarkeit erfüllt. Auch jetzt noch nach vielen Jahren scheint es mir unmöglich, dass einige denken, Diego ist nicht mein leiblicher Sohn!«

Das elfte Haus ist das Feld, welches Adoptionen symbolisiert. Dort steht als Hinweis auf die tiefe Liebe zwischen Eltern und Kind Venus im Sextil zu dem Mondknoten. Dieser Aspekt weist darauf hin, dass die Begegnung eine schicksalhafte war. Das elfte Haus ist ein stark besetztes Haus, dort befinden sich auch Sonne und Merkur. Cristina und ihr Mann haben Diego eine Zukunft geschenkt. In Italien kann der junge Mann heute durch ihre Hilfe seine kreative Begabung ausleben, er lernt in einer Theaterschule und arbeitet auch in der Regie. Pluto fast auf der Spitze vom zweiten Haus in Trigon zu MC zeigt die finanzielle Unterstützung der Eltern, damit Diego seine Karriere in der Theaterbranche verwirklichen kann. Mars und Saturn im zweiten Haus kann die Aufopferung des Paares bedeuten. Sie arbeiten hart, um den Sohn mit Schulgeld, Wohngeld und allem, was er braucht, zu unterstützen und verzichten selbst auf einiges. Das Thema Geld verursacht immer wieder Auseinandersetzungen, da Diego ein wenig zu verschwenderisch lebt. Mars in Quadrat zu Merkur versinnbildlicht die verbalen Gefechte zwischen den Eltern und dem Sohn.

Die starke Wasserbetonung verdeutlicht in diesem Horoskop die tiefe Bindung zwischen diesen drei Personen, aber auch die Unfähigkeit vonseiten der Eltern, Distanz zu bewahren. Diego versucht auf emotionaler Ebene sich abzunabeln und dies verursacht in der Familie einige Turbulenzen und emotionale Konfrontationen (Sonne in Quadrat zu Pluto). Die Lernaufgabe bei dieser Familie ist es, eine gesunde Distanz zu finden und mehr Unabhängigkeit vonseiten des Sohnes zuzulassen, der sich langsam von der materiellen Unterstützung der Eltern lösen sollte, um wirklich erwachsen zu werden. Die Eltern wiederum sollten ihn loslassen. Uranus in Konjunktion zu dem absteigenden Mondknoten spricht dafür.

Jedes Kind bringt eine Botschaft

Mit diesem Beispiel, möchte ich etwas Neues versuchen. Frank Clifford hat in *The Mountain Astrologer* in einem Artikel über Partnerschaftsastrologie dazu angeregt, das Horoskop der ersten Begegnung mit den Horoskopen der gemeinsamen Kinder zu vergleichen. Er beschreibt darin Folgendes: Wenn in dieser Partnerschaft später Kinder geboren werden, dann wiederholen sich die Grade, auf denen Planeten und Kardinalpunkte im Horoskop der ersten Begegnung der Eltern stehen, mit Planetenplatzierungen in den Horoskopen der Kinder. Zugleich kann man daran feststellen, wie jedes Kind sich in der Dynamik der Partnerschaft einfügt.

In diesem Horoskop der ersten Begegnung (Abb. 11) von Sophie und Ludger steht der Aszendent in Löwe, dies zeigt eine herzliche Begegnung, die Partner haben eine warmherzige Atmosphäre um sich herum wahrgenommen. Die Gefühle für einander sind voller Sympathie und Wohlwollen. Die Mitmenschen reagierten positiv, als sie als Paar erschienen sind.

Die Sonne in Konjunktion zu Pluto im vierten Haus verweist auf eine sehr unterschiedliche Herkunfts- und Familiensituation der Partner. Der Ludger wuchs in einer bürgerlichen Familie mit Vater, Mutter und vier Geschwistern auf. Die Sophie lebte zusammen mit der Mutter und der Großmutter ohne männliche Mitglieder der Familie, da der Großvater schon früh gestorben war und ihr Vater die Mutter vor der Geburt der Tochter verlassen hat. Da Sophie noch sehr jung war und kaum Erinnerungen an Vater hat, der sie ja nur sporadisch besuchte, litt sie während der gesamten Kindheit und

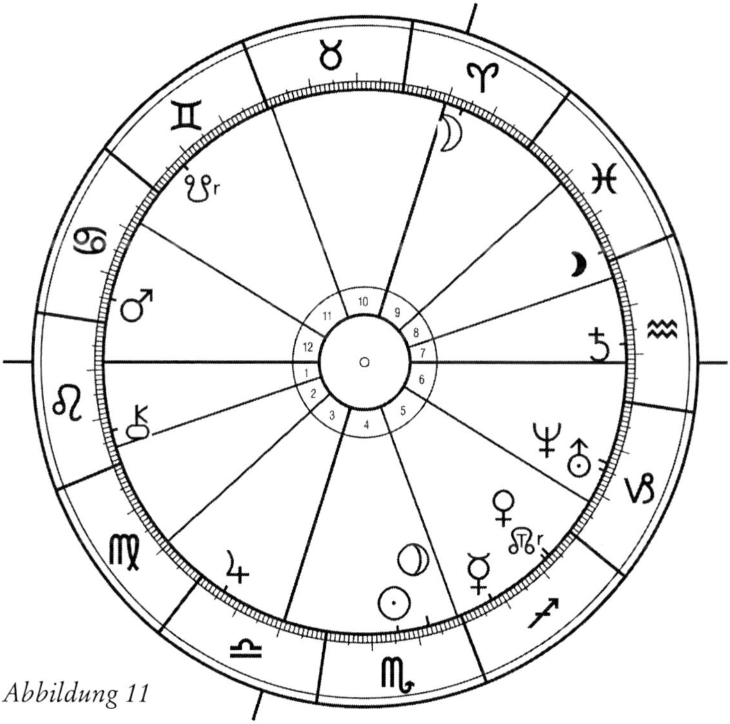

Abbildung 11

Jugendzeit an dessen Fehlen (Sonne Sextil Uranus) und idealisierte ihn (Sonne in Sextil zu Neptun) sehr.

Pluto in Quadrat zu Chiron zeigt, dass sie in dem 15 Jahre älteren Ludger, den sie dann später heiratete, einen Vaterersatz gesucht hat. Wenn wir die gleichen Konstellationen für Ludger deuten, zeigt die Konjunktion im vierten Haus von Sonne und Pluto die gespannte Lage in seiner Jugend, denn sein Vater hat eine dominante Rolle in der Familie gespielt. Ludger verließ seine Ursprungsfamilie in jungen Jahren (Sonne/Pluto in Sextil zu Uranus/Neptun). Er wollte anders als sein Vater sein und nicht unbedingt eine zu dominante Rolle in seiner Partnerschaft einnehmen. Sophie dagegen drängte ihn schon von Anfang an in ihrer Beziehung in eine Art »Vaterrolle«. Sie verhielt sich sehr unselbstständig und erwartete von ihm

Unterstützung, Struktur und Schutz. Schon am Anfang der Beziehung wurden die Rollen festgelegt.

Das Begegnungshoroskop zeigt, dass es sich um eine liebesvolle und zärtliche Beziehung handelt, Venus und Mond stehen in Trigon zueinander. Es überwiegen die Elemente Feuer und Wasser, dies spricht für gefühlmäßige Intensität. Saturn, dominant am DC, weist auf eine dauerhafte Partnerschaft, die legalisiert wurde. Diese Position Saturns jedoch kann auch zu späterer Trennung führen, da der Planet im Quadrat zur Sonne im vierten Haus steht. Das vierte Feld symbolisiert das Ende aller Dinge, in einem Begegnungshoroskop kann es für das Ende der Beziehung stehen. Mars in Krebs im zwölften Haus signalisiert, dass einiges verborgen bleibt und sorgt für verdrängte und aufgestaute Aggressionen in der Beziehung.

Sowohl die Sonne als auch der Mond zeigen Verletzungen, die sich für das Ausleben der weiblichen und männlichen Rolle als schwierig entfalten können. Die Sonne in Quadrat zu Saturn zeigt, dass der männliche Partner sich in seiner Männlichkeit nicht akzeptiert fühlte, er wurde in der Beziehung in die Rolle des Vaters und nicht des sexuellen Partners gedrängt. Der Mond in Widder, in Quadrat zu Uranus und Neptun, lässt erkennen, dass die Ehefrau mit ihrer Weiblichkeit einige Verwirrungen erlebte. Sie fühlte sich als sexuelle Partnerin unwohl in ihrer Partnerschaft. Mehrere Aspekte zu dem MC sind ein Hinweis dafür, dass gemeinsame Ziele und Berufung in der Beziehung eine wichtige Rolle gehabt haben. Beide pflegten eine Leidenschaft, die zu gemeinsamer Berufung wurde. Eine Zeit lang arbeiteten die beiden zusammen an einem gemeinsamen Projekt.

Die Geburt des ersten Kindes (Abb. 12) zwang Sophie, in der Beziehung aus der »Tochterrolle« zu treten und sich bewusst der Verantwortung zu stellen und bestimmte Aufgaben zu übernehmen, die sie früher nicht gern ausgeführt hat. Das Hausfrauendasein passt gar nicht zu ihrer Persönlichkeit. Der Saturn des Kindes steht in Konjunktion zum Mond im Begegnungshoroskop, dieser Vergleichsaspekt unterstreicht ihr Empfinden. Saturn steht zugleich auf der Himmelsmitte, was auf die Übernahme neuer Verantwor-

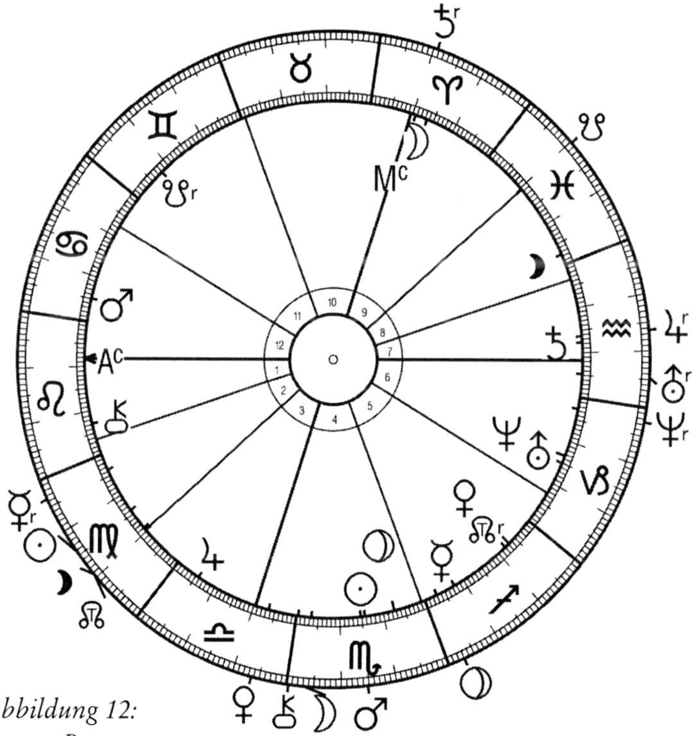

Abbildung 12:
Innen: Begegnung
Außen: erstes Kind

tung hinweist. Der Mars des Kindes steht im Horoskop der Begegnung in Konjunktion zur Sonne: Die Beziehung hat sich durch die Geburt drastisch verändert und die erste größere Ehekrise bahnt sich an. Pluto läuft auf den Merkur des Begegnungshoroskops zu, es kommt zu verbalen Auseinandersetzungen.

Der Vergleich zwischen dem Begegnungshoroskop und dem Geburtsbild des zweiten Kindes (Abb. 13) zeigt eine Konjunktion vom MC des Sohnes zum Aszendenten der Begegnung sowie vom Pluto des Sohnes zum Merkur der Begegnung. Diese letztgenannte Konstellation zeigt, dass die Kommunikation des Paares durch die Anwesenheit des Kindes erneut gefordert und auf die Probe gestellt wurde. Manche Themen, die früher nicht angespro-

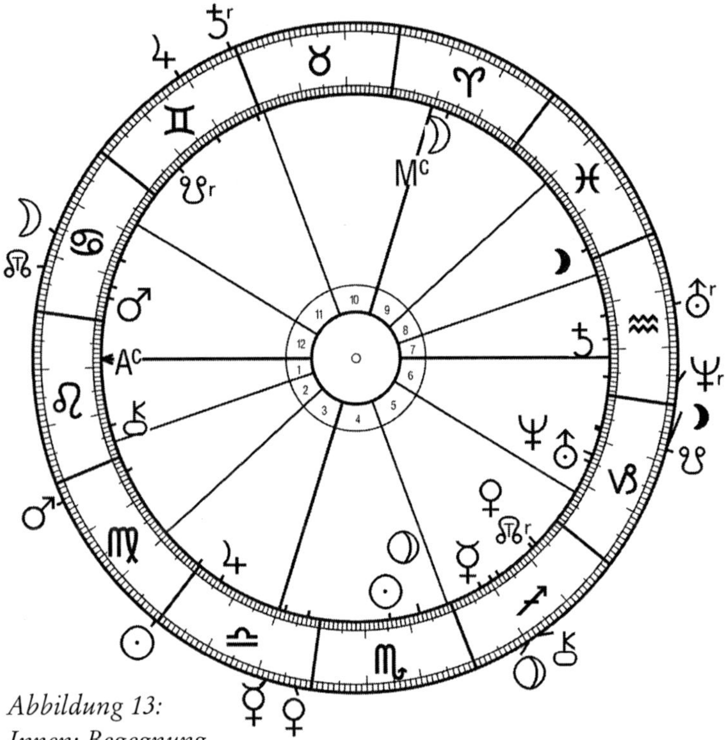

Abbildung 13:
Innen: Begegnung
Außen: zweites Kind

chen wurden, kamen an die Oberfläche durch das Wirken des Kindes. Die Geburt des Sohnes hat zu Machtkonflikten zwischen den Partnern geführt. Der Mars des Kindes in Opposition zur Lilith der Begegnung verweist ebenfalls auf Reizthemen. Der Mond des Kindes bildet ein Quadrat zum Mond der Begegnung und ein Trigon zum Pluto der Begegnung, ein weiterer Faktor für emotionale Dissonanzen, die das Kind wiederum aufgenommen hat.

Die Ehe von Sophie und Ludger ist einige Jahre nach der Geburt des Sohnes abrupt und drastisch zu Ende gegangen. Es ist interessant, die Transite am Tag der Scheidung anzuschauen. Wichtig ist zu erwähnen, dass die beiden seit der Scheidung keinen engeren Kontakt mehr pflegen. Der Aszendent zum Zeitpunkt der Scheidung war in Konjunktion zum Chiron des Begegnungshoroskops: Alte Verletzungen sind bis dahin nicht überwunden worden, deswegen war ein freundschaftliches Zusammensein nach der Trennung nicht möglich. Dieser Aszendent stand außerdem im Quadrat zum Pluto des Begegnungshoroskops, d.h. der Bruch ist radikal und an der Situation gibt es nichts mehr wiedergutzumachen. Kompromisse sind von beiden Seiten sehr schwergefallen. MC stand im Quadrat zu Saturn: Keine Art der Zusammenarbeit ist mehr möglich gewesen, ihre gemeinsame berufliche Aufgabe wurde für immer abgebrochen. Der Mond am Scheidungstermin steht im Quadrat zum Mond der Begegnung, man kann von Feindschaft auf emotionaler Ebene ausgehen und die Gefühle waren sehr aufgewühlt. Mond und Venus waren in Konjunktion zu Uranus/Pluto im Begegnungshoroskop: Wenn einer der Partner den Wunsch nach einer noch gefühlsmäßigen Verbindung gehegt hat, war es eine Illusion, die schnell zerplatzt ist.

Geschäftliche Begegnungen

Zwei Fliegen mit einer Klappe schlagen

In der täglichen Praxis als Astrologin kommt es ständig zu ersten Begegnungen mit Menschen, die man zuvor noch nicht kannte. Das Interessante dabei ist, dass man das Horoskop einer Begegnung mit einem Klienten (Abb. 14) in doppelter Hinsicht deuten kann. Einerseits lässt sich das Verhältnis zwischen Astrologin und Klient daraus ersehen, es ist also ein Begegnungshoroskop. Andererseits ist es aber zugleich auch ein Konsultationshoroskop, das etwas über den Inhalt der Beratung aussagt. Diese Klienten hatte telefonisch einen Beratungstermin vereinbart und dabei angedeutet, dass eine berufliche Veränderung anstehe.

Betrachten wir es nun als Konsultationshoroskop, so fällt Uranus im achten Haus auf. Finanzielle Schwierigkeiten könnten der Grund für den Wunsch nach beruflicher Umorientierung sein. Sonne im neunten Haus zeigt, dass eine weltanschauliche oder geistige Thematik mitspielt. Doch zugleich fällt die Mond/Neptun-Konjunktion am Deszendenten ins Auge, die außerdem in Opposition zu Jupiter steht. Für den Astrologen wird daraus sofort ersichtlich, dass bei der Klientin eine unklare Einstellung zu Partnern vorliegen dürfte. Aufgrund der Fragestellung sind dies zunächst die Geschäftspartner. Auf persönlicher Ebene betrachtet könnte es sich jedoch auch um eine Person handeln, die ihre Erfüllung eher auf seelischer Ebene als im Bereich der Sexualität sucht. Der Mond bil-

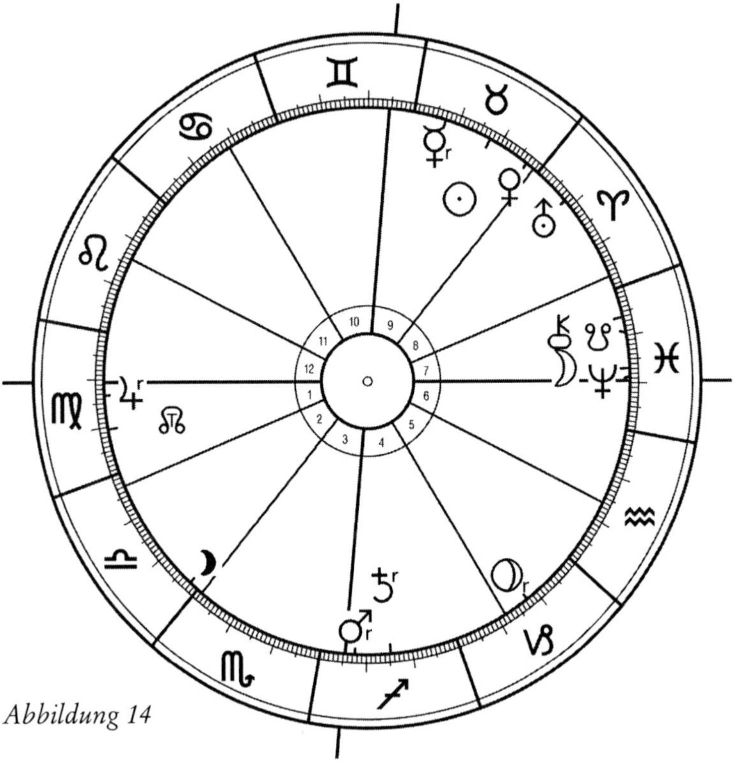

Abbildung 14

det zudem ein Sextil zur Sonne im neunten Haus, was dies andeutet. Aufgrund des Quadrats von Saturn und Mars zu Mond und Neptun könnte es zu verletzenden Begegnungen mit Männern kommen oder gekommen sein. Oder es entstehen Begegnungen, die nicht erfüllend waren. Auffällig ist auch die Zweiteilung des Horoskops. In der oberen lichten Hälfte finden sich Sextile und Trigone in das neunte Haus, in der unteren Hälfte dominieren die Spannungen von Saturn und Mars. Das Streben nach höheren Idealen befindet sich im Konflikt mit dem Körperlichen. Bei der Beratung nahm das Thema Berufswechsel einen großen Raum ein, die zwischenmenschliche Thematik, die das Konsultationshoroskop schon durchscheinen ließ, kam dabei deutlich zum Vorschein

Nun kann dieses Horoskop auch als *Begegnungshoroskop* gedeutet werden. Jupiter am Aszendenten verspricht Wohlwollen. Tatsächlich war es eine herzliche Begegnung. Die Sonne zeigt das Thema der Begegnung. Einerseits steht sie im Stier, was die Motivation für die Begegnung verrät: Die Klientin will ihre Ressourcen verbessern. Durch das Trigon zu Jupiter am Aszendenten findet die Beratung in einer sehr harmonischen und herzlichen Atmosphäre statt. Die Sonne im neunten Haus zeigt auch, dass sich Astrologin und Klientin in ihren Lebensanschauungen sehr gut verstanden haben. Diese jupiterhafte Betonung erklärt auch, dass während des Gespräches sehr viele Themen berührt wurden. Die Mond/Neptun-Konjunktion verdeutlicht ein starkes Bedürfnis der Klientin nach seelischer Verbindung. Anders ausgedrückt, es war ein Fall für die Astrologin, in den sie sich sehr gut einfühlen konnte. Dem kommt entgegen, dass nicht nur die Klientin eine Betonung von Mond- und Neptun-Aspekten im Geburtshoroskop aufweist, sondern auch die Beraterin. Nun mag man sich fragen, was es mit dem Mars-Quadrat auf sich hat, das im Zusammenhang mit der Begegnung noch nicht erwähnt wurde. Die Beratung beschränkt sich ja auf einen Zeitraum von ein bis zwei Stunden, es müssen demnach noch nicht alle Themen zum Tragen kommen. Es kann gut sein, dass diese Spannungen bei einem späteren Beratungstermin zutage treten. Denn es bleibt als Horoskop der ersten Begegnung bestehen, während es beim nächsten Termin als Konsultationshoroskop nicht mehr angewandt werden kann.

Geschäft ist Geschäft

Marius ist Heilpraktiker und besuchte eine Weiterbildung, um eine neue Therapiemethode zu erlernen. Dort begegnete er Alfred, seinem Lehrer, zum ersten Mal. Die Weiterbildung erfolgt über zehn Wochenendseminare.

Alfred hatte zur Unterstützung seiner Therapiemethode einige Produkte entwickelt, doch der Vertrieb steckte noch in den Kinderschuhen. Die Idee war, vorwiegend im Direktvertrieb an Heilpraktiker zu verkaufen, im kleineren Umfang aber auch an Bioläden oder den Fachhandel mit einem vorwiegend esoterischen Sortiment. Marius war von dieser Produktreihe sofort begeistert und bereit, den Vertrieb zu übernehmen und bundesweit auszubauen.

Die anfänglich großen Erwartungen von Marius erfüllten sich jedoch nicht und der erhoffte Erfolg blieb aus. Bald regte sich in ihm auch der Gedanke, die vereinbarten Konditionen seien nicht zu seinen Gunsten abgefasst. Die finanziellen Erwartungen Alfreds dagegen waren sehr hoch. Marius geriet unter Erfolgsdruck und gleichzeitig reichte die Provision kaum aus, um den persönlichen Einsatz zu decken. In zähem Ringen konnte er sich schrittweise kleine Verbesserungen der Konditionen erkämpfen. An der Gesamtsituation änderte dies insgesamt wenig, denn der Durchbruch blieb aus. Aus diesem Grund ergriff Marius schließlich die Flucht nach vorne und kündigte den Vertrag nach nur zwei Jahren.

Sehen wir uns das Begegnungshoroskop der Geschäftsverbindung der beiden Männer näher an (Abb.15). Wenn wir die Sonne im elften Haus Opposition Jupiter betrachten, erkennen wir die zu hohen Erwartungen der beiden in diese geschäftliche Verbindung, aber auch die zu hohen Ansprüche Alfreds. Es kam zu überhöhten Ausgaben, zum Beispiel durch den Erwerb zu teurer Software. Uranus steht dominant in Konjunktion zum IC (und damit in Opposition zum MC) und zeigt, dass das Fundament der Geschäftsbeziehung von Anfang an auf unsicherem Boden stand. Dies wird auch noch durch Pluto in Quadrat zu MC und IC verstärkt.

Die Konjunktion des Mondes zu Pluto, beide nah am zweiten Haus und in Trigon zu Jupiter, bedeutet, dass die finanziellen Ansprüche eines der Partner zu hoch sind. Den Beweis für die finanzielle Niederlage liefert Saturn als Herrscher von Haus 2, der im zehnten Haus in Opposition zu Lilith steht. Jupiter ist Herrscher des Aszendenten in Schütze, Mars steht im neunten Haus in Quadrat zu Merkur und Venus im zwölften Haus. Diese Faktoren lassen vermuten, dass die ganze Angelegenheit mit sehr viel Idealismus und Hoffnung begann. Aber Neptun im dritten Haus in Quadrat

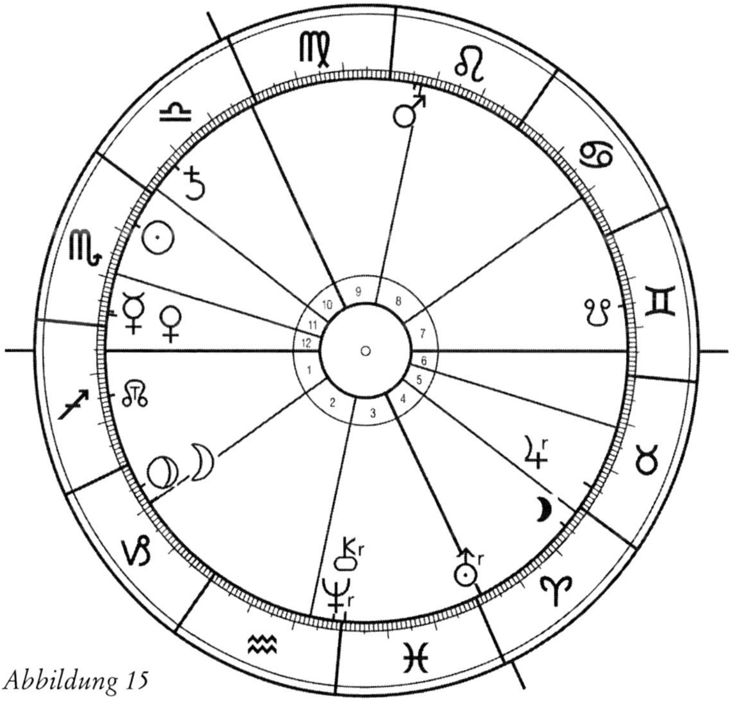

Abbildung 15

zu Merkur/Venus verweist unmittelbar auf ein Kommunikationsmissverständnis: Die Motive von Marius waren sehr ideell ausgerichtet, Alfred verfolgte mehr kommerzielle Ziele. Hinzu kommt, dass Mars im neunten Haus eine gemeinsame Vision symbolisiert, die durch Neptun in Opposition getrübt wurde. Merkur in Konjunktion zu Venus weist zu Anfang auf schöne Worte und Versprechungen hin, die jedoch in Enttäuschung endeten (T-Quadrat zwischen Merkur, Venus, Mars und Neptun).

Als Marius schließlich die Kündigung schrieb, stand der Transit-Mars in Konjunktion zum Mars des Begegnungshoroskops. Ein Marszyklus zeigt, wie man in einer neuen Situation in Aktion tritt. Nach etwa einem Jahr steht Mars in der Opposition zur Position im Begegnungshoroskop und man wird erfahren, ob das in Angriff genommenen Vorhaben gut war oder nicht. Hier wurde die Zusammenarbeit mit dem Ende des Marszyklus aufgelöst. Alfreds Reaktion auf die Kündigung aufgrund des Mars-Einflusses war nicht gerade gelassen.

Saturn bildete zudem ein Transit-Quadrat zum Chiron des Begegnungshorokops. Chiron verweist hier darauf, dass etwas nicht perfekt ist oder unerfüllt bleibt. Der nördliche Mondknoten befand sich exakt in Konjunktion zum Begegnungs-MC und in Opposition zum Begegnungs-Uranus. Ziele stimmen nicht überein, als Folge kommt es zur Trennung. Es ist zudem interessant festzustellen, dass der Aszendent in Schütze und der Deszendent in Zwillinge das Verhältnis zwischen Lehrer (Alfred) und Schüler (Marius) symbolisiert.

Wenn zwei sich scheiden, hat einer was zu leiden

Veronique, eine Klientin aus dem Elsass, war über zehn Jahren verheiratet mit einem deutschen Mann. Ihre Ehe, die kinderlos blieb, funktionierte seit einigen Jahren nicht mehr. Ihr Partner begegnete einer zehn Jahre älteren Frau, in die er sich Hals über Kopf verliebte und von der ihn nichts mehr abzubringen vermochte. Nach einem kurzen und schwierigen Ablösungsprozess reichte Veronique die Scheidung ein. Veronique wählte eine Rechtsanwältin, die in ihrer Stadt wohl bekannt war für ihre Härte und ihren unnachgiebigen Charakter. Wir haben das Horoskop ihrer ersten Begegnung mit der Anwältin (Abb. 16) besprochen, um den Verlauf der Angelegenheit zu verfolgen. Interessant an diesem Radixhoroskop ist die Stellung aller Planeten in der oberen Hälfte. Dies zeigt, dass es sich hier nicht um eine emotionale oder intime Beziehung handelt, sondern um eine geschäftliche, rechtliche Angelegenheit. Jupiter in Konjunktion zu dem Aszendent bestätigt diese Aussage, zumal er in Konjunktion zu Uranus steht was zeigt, dass es sicher um eine Scheidung handel-

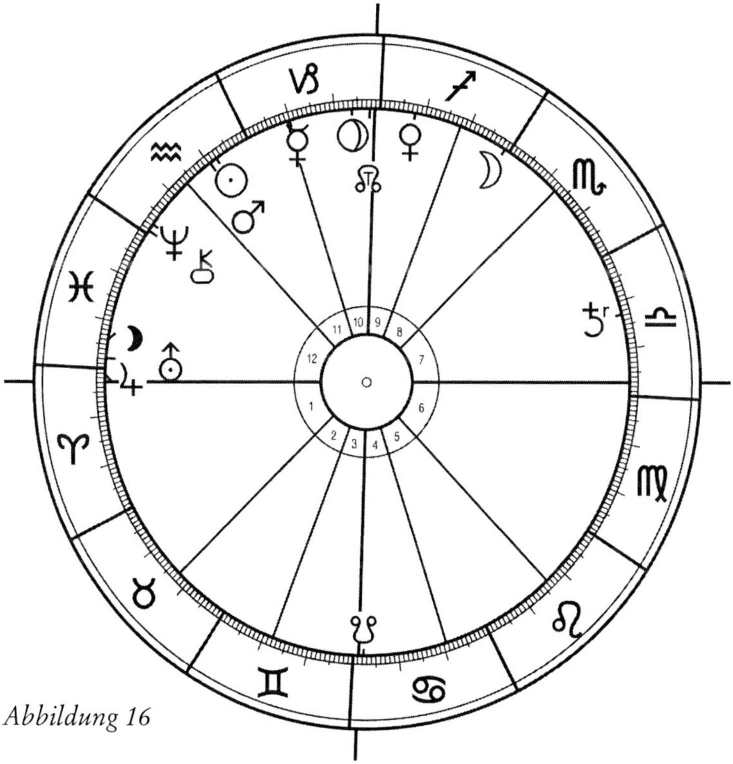

Abbildung 16

te. Das MC im Stier zeigt, dass es um Vermögen und die Wahrung des Besitzes geht, aber auch um die Verantwortung und Pflichten, die zwischen Klientin und Anwältin geteilt werden müssen. Pluto im zehnten Haus verleiht in der Angelegenheit Macht und Einfluss. Uranus in Quadrat dazu bringt immer wieder wechselhafte Einflüsse in den Verlauf, aber auch Überraschungen, die nicht immer angenehm waren, dennoch konnten die Anwältin und ihre Klientin sich letztlich durchsetzen.

Lilith in Konjunktion zu Uranus, der nahe am AC steht bedeutet, dass es sich um eine Scheidung handelt, die nicht ohne Ambivalenzen und Niedertracht verlaufen wird (Lilith). Eine dritte Person, nämlich die Frau an der Seite des Ex-Partners, hat einen negativen, hinterhältigen Einfluss auf die Verfahren ausgeübt (Lilith). Das zwölfte Haus hat eine interessante Rolle inne. Dieses ist das Haus der geheimen Feinde. Es ist stark besetzt mit Chiron und Neptun. Tatsächlich hat die neue Freundin des früheren Mannes im Verborgenen mitgespielt, denn sie hat für die Verwirrung, unangenehme Überraschungen und versteckte Angriffe gesorgt.

Auch der Mond im achten Haus symbolisiert das Thema Scheidung. Ebenso betont Saturn im siebten Haus durchaus auch das Thema Scheidung (Ende der Beziehung), aber er bedeutet auch, dass alles sehr geregelt und mit klaren Strukturen und Absprachen verläuft.

Der Aszendent in Widder zeigt, dass Anwältin und Klientin eigenständig sind und sich viel Handlungsfreiheit lassen können. Ihre Aufgabe besteht darin, Konfliktbereitschaft zu entwickeln und direkt und spontan miteinander umzugehen. Jupiter in Konjunktion bedeutet, dass gegenseitiges Vertrauen vorhanden ist. Ihre Beziehung ist eine Herausforderung, die Risiken werden nicht gescheut – das geht bei so einem Prozess auch gar nicht. Die Sonne in Wassermann im elften Haus in Konjunktion zu Mars symbolisiert die unverbindliche Beziehung zwischen den beiden Personen. Die Anwältin versucht nicht, etwas aufzudrängen und Mars in dieser Stellung zeigt, dass Anwältin und Klientin ihr Bestes gegeben haben, um aufrichtig gemeinsam an einem Strang zu ziehen. Die vielen Aspekte auf den Mond zeigen eine mit Stress geladene Angelegenheit, die jedoch meisterhaft und ohne ein großes Drama zu Ende gebracht worden ist.

Nichts ist so beständig wie der Wechsel

Klaus Rüdiger war in leitender Position bei einem größeren Unternehmen tätig. Er wollte sich verändern, da sich die Situation im Betrieb nach einem Wechsel in der Geschäftsführung spürbar zum

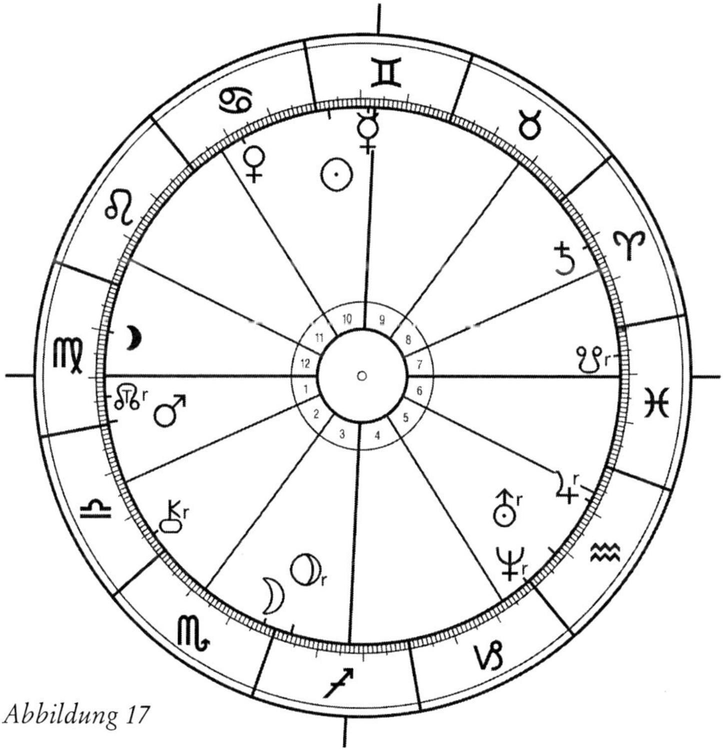

Abbildung 17

Nachteil verändert hatte. Er bewarb sich bei einer größeren Firma in seiner Branche. Bei dem Bewerbungsgespräch saßen ihm die zwei Geschäftsführer gegenüber. Inhaltlich hätte ihn das Unternehmen aufgrund seiner Produkte sehr gut angesprochen, er konnte sich gut damit identifizieren. Die Besprechung verlief ganz angenehm. Dieser gute erste Eindruck wird in dem Horoskop der Begegnung (Abb. 17) bestätigt. Jupiter wirft von dem sechsten Haus ein Trigon auf Merkur am MC. Venus als Planet der gegenseitigen Sympathie ist im zehten Haus platziert und bildet ein Sextil zum Aszendenten. Der Aszendent steht in der Jungfrau, dies bedeutet, dass das Gespräch sachlich und sehr ausführlich geführt wurde. Aber zumindest der eine von den beiden Herren war etwas herablassend – er hat Klaus-Rüdiger spüren lassen, dass er ein »hohes Tier« in einem großen Unternehmen ist. Die Sonne im zehnten Haus, die in Quadrat zum Mars im ersten Haus steht, kann den Eindruck meines Klienten bestätigen.

Problematisch ist das Quadrat, da Merkur als Herrscher des Aszendenten und MC zu dem Aszendent bildet, sowie Saturn in Quadrat zu Venus im 10. Haus (»kalte Dusche«, Enttäuschung). Lilith im zwölften Haus und Chiron in Quadrat zu Neptun lassen Geheimnisse und Intrigen vermuten.

Klaus-Rüdiger erhielt schließlich eine Absage. Zum Zeitpunkt der Bewerbung war noch nicht offenkundig, dass die Firma selbst auch ein Geheimnis hatte. Knapp zwei Jahre später sollte diese an einen Konzern verkauft werden und die Abteilung, für die Klaus-Rüdiger sich beworben hatte, wurde aufgelöst, was für ihn Arbeitslosigkeit bedeutet hätte.

Jede Münze hat zwei Seiten

Eine Klientin namens Cosima hat eine Geschenkeboutique in einer kleinen italienischen Stadt am Meer. Ihren kleinen Laden in der Altstadt beschreibt sie als ein Geschäft für lauter schöne Dinge. Sie hält immer Ausschau nach neuen interessanten und passenden Artikeln. Bei ihrer Suche im Internet war sie wieder einmal fündig geworden. Da der Hersteller nur etwa eine Stunde von ihr entfernt ansässig war, fuhr sie dort bei nächster Gelegenheit vorbei. Diese Firma wird von einem Ehepaar betrieben. Cosima wurde von der Frau empfangen und es entwickelte sich ein anregendes und aussichtsreiches Gespräch. Die beiden Frauen fanden sich gegenseitig sehr sympathisch und Cosima hatte den Eindruck, dass sich ein erfolgreicher Geschäftskontakt daraus entwickeln könnte. Nach etwa 45 Minuten kam der Mann dazu und die Gesprächssituation veränderte sich schlagartig. Die Betrachtung der zwei Begegnungshoroskope zeigen die jeweils veränderte Ausgangslage zwischen Cosima und der Frau und deren Mann.

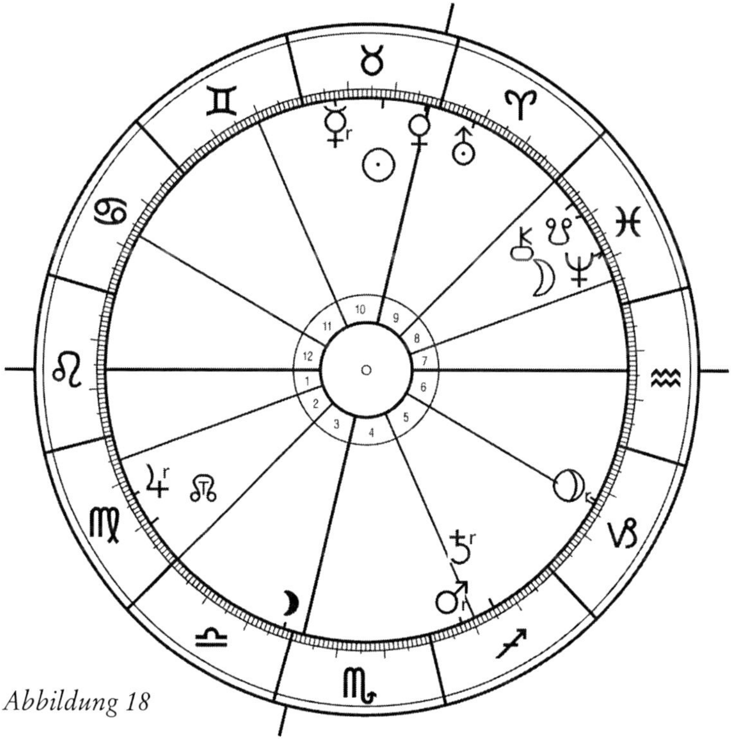

Abbildung 18

Das erste Begegnungshoroskop (Abb. 18) zeigt das Treffen zwischen Cosima und der Inhaberin. Sympathie ist das Stichwort, das sofort bei der Betrachtung des Horoskopes auffällt. Venus, der Planet des Wohlwollens und des gegenseitigen Gefallens, steht dominant am MC. Er symbolisiert sowohl die Gefühle der beiden Frauen als auch das Ziel der Begegnung, das das Erwerben von schönen Dingen war. Dies wird durch den AC in Löwe und Jupiter im zweiten Haus in Trigon zu Sonne im zehnten Haus verstärkt zur Ausdruck gebracht. Jupiter im zweiten Haus in Opposition zur Mond/Neptun-Konjunktion zeigt jedoch, dass Cosima sich Hoffnungen machte, die sich in Enttäuschung verwandelten. Pluto an der Spitze vom sechsten Haus in Trigon zu Sonne im zehnten Haus versprach

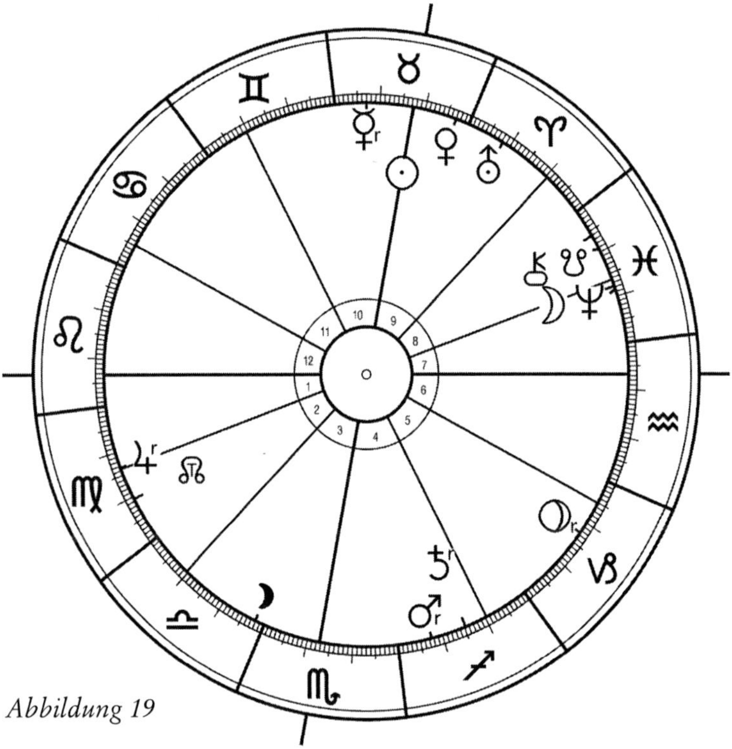

Abbildung 19

auch eine Geschäftsverbindung. Er steht aber auch in Quadrat zu Uranus im neunten Haus und diese Konstellation weist auf eine sich rasch verändernde Situation.

Als der Mann den Raum betrat (Abb. 19), spürte Cosima, wie sich die Stimmung unmittelbar veränderte. Das Gefühl der Sympathie dominiert nicht mehr, stattdessen wurde das Gespräch sehr sachlich und der Mann verhielt sich sehr bestimmend. Plötzlich schien es Cosima, dass die Frau in seiner Gegenwart keinen großen Einfluss mehr auf den Verlauf des Geschäftes habe. Das Gespräch wurde für Cosima unangenehm, sie entschied gegen das Erwerben der Gegenstände, die ihr so gefallen hatten.

Aus dem Horoskop ist deutlich zu sehen, dass die Situation rasch einen anderen Verlauf genommen hat. Am MC ist jetzt nicht mehr Venus platziert, sondern die Sonne, die für Sachlichkeit und ein bestimmendes Verhalten steht. Jupiter war rückläufig und 45 Minuten später lief er gerade aus dem zweiten Haus heraus. Die Unterhaltung wurde durch das Verhalten des Mannes unangenehm (Merkur bildet ein Quadrat zu dem Aszendent). Pluto befand sich auch nicht mehr im Haus der Arbeit, dem sechsten Haus, sondern er ist jetzt im fünften Haus platziert und steht deswegen nicht mehr in Verbindung zur einer arbeitsbedingten Situation.

Friede nur so lange währt, als auch dein Nachbar ihn begehrt

Axel kommt schon seit vielen Jahren regelmäßig zu mir in Beratung, denn er lässt sich von seiner Freundin jedes Jahr zum Geburtstag eine Deutung seines Solars schenken. Bei unserem letzten Termin hatte er noch ein kleines Anliegen. Er hat zu allen Mietern im Nachbarhaus einen guten nachbarschaftlichen Kontakt. Allerdings hatte es in den letzten Jahren zwischen zwei Parteien heftige Streitereien gegeben. Es war vor allem eine Frau, die durch ihre Intrigen für erhebliche Unruhe sorgte. Er selbst war nicht betroffen, war es aber schon lange leid, sich immer das Gejammer in beiden Versionen anhören zu müssen und zwischen den Stühlen zu sitzen. Schließlich war die »Dreckschleuder«, wie er sie abfällig nannte, ausgezogen. Die Wohnung stand lange leer, bis nun wieder eine Frau eingezogen ist. Er war neugierig, wie es nun wohl weitergehen wird. Ich habe das Horoskop für die erste Begegnung zwischen Axel und der neuen Nachbarin erstellt (Abb. 20).

Uranus auf der Spitze von Haus 3 zeigt eine flüchtige Begegnung und auch die Möglichkeit, dass die Beziehung zwischen ihm und der Nachbarin sporadisch bleibt. Tatsächlich – seit sie sich zum ersten Mal kurz getroffen haben, haben sie sich nicht mehr gesehen. Die Frau lebt allein mit zwei Katzen, die wahrscheinlich Anlass zum Gespräch bieten (Uranus im dritten Haus im Sextil zu

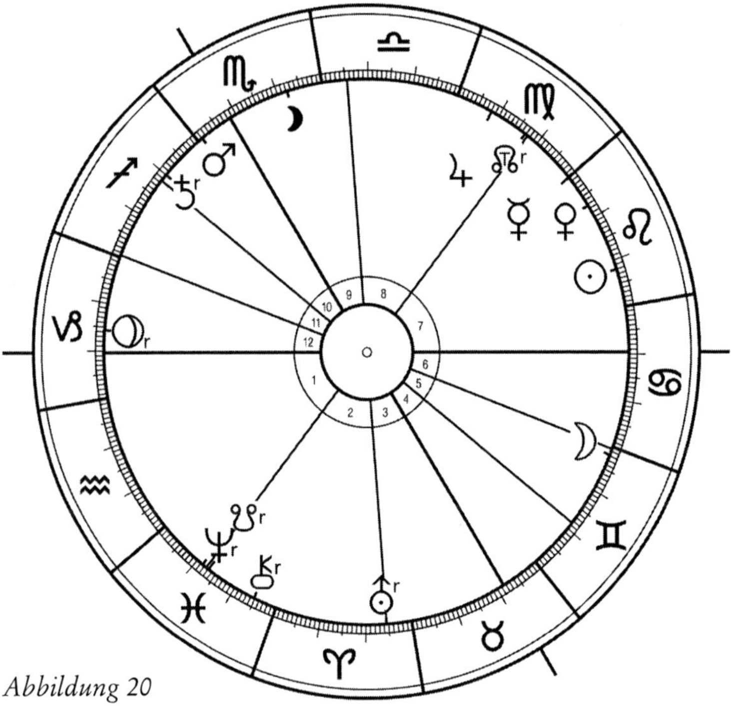

Abbildung 20

Mond im sechsten Haus (kleine Haustiere). Ich denke nicht, dass es sich zu einer problematischen Nachbarbeziehung entwickeln wird.

Inzwischen sind einige Monate vergangen. Axel hat die neue Nachbarin in der ganzen Zeit nur ganz selten kurz auf dem Balkon gesehen. Überhaupt, so meinte er, sei es im Nachbarshaus inzwischen ganz harmonisch.

Über die Autorin

Lianella Livaldi Laun beschäftigt sich seit 1978 mit Astrologie und ist seit 1987 geprüfte Astrologin DAV mit eigener Praxis. Außerdem ist sie Korrespondentin und Mitarbeiterin des italienischen Astrologenverbandes CIDA. Ihre Veröffentlichungen erscheinen regelmäßig in italienischen, deutschen und amerikanischen Fachzeitschriften. Sie ist Autorin der Bücher *Lilith, die Begegnung mit dem Schmerz* (1994, 4. Auflage), *Jahresthemen im Horoskop* (1996, 3. Auflage), *Liebe und Eifersucht* (1997), *Transite und Träume* (1999), *Lilith im Transit* (2001, 2. Auflage), *Lilith in der Partnerschaft* (2002), *Liebesbeziehungen im Horoskop* (2004, 2. Auflage), *Chiron in der Partnerschaftsastrologie* (2005) *Stundenastrologie in der Partnerberatung* (2007) sowie *Den eigenen Lebensplan bewusst gestalten* (2011).

Anschrift:
Lianella Livaldi-Laun,
Pestalozzistr. 35,
79540 Lörrach-Stetten,
lianella@yahoo.de,
www.livaldi-laun.de

Standardwerke der Astrologie

LIANELLA LIVALDI-LAUN

Lilith

Die Begegnung mit dem Schmerz.
Die Astrologie des Schwarzen Mondes
Broschur, 160 Seiten, 62 Abbildungen

ISBN 3-925100-15-6

Lilith war nach hebräischer Tradition die erste Frau Adams, die dunkle Erscheinungsform der weiblichen Gottheit.
In der Astrologie entspricht Lilith dem Schwarzen Mond. Es handelt sich nicht um einen hypothetischen Planeten, sondern um einen sensitiven Punkt, vergleichbar mit den Mondknoten. Lilith ist per Definition der zweite Brennpunkt der Mondellipse, wobei der erste Brennpunkt von der Erde selber eingenommen wird. Die Umlaufzeit beträgt 3232 Tage, was ca. 9 Jahren entspricht.
Die Autorin untersucht diesen kaum erforschten sensitiven Punkt anhand zahlreicher Horoskopbeispiele. Sie stellt heraus, daß Lilith die nicht integrierte Anima in der männlichen Psyche darstellt, während sie in der weiblichen Psyche den Schatten verkörpert. Lilith der schwarze Mond entspricht dem Prinzip der unerfüllten Wünsche: dem Gefühl, welches nach der Vertreibung aus dem Paradies in uns zurückgeblieben ist.
Neben der Deutung Liliths in den Häusern bespricht Lianella Livaldi-Laun ausführlich die Aspekte zu den persönlichen Planeten.
Der Mond … galt als höchster Ausdruck der Weiblichkeit, mit positiven und negativen Valenzen; er war für den Menschen immer sichtbar. Lilith hingegen entsprach einem gefährlichen dunklen weiblichen Bild.
Roberto Sicuteri

CHIRON VERLAG

Standardwerke der Astrologie

LIANELLA LIVALDI LAUN

Lilith in der Partnerschaft

Selbstverwirklichung durch den Schwarzen Mond
150 Seiten, 33 Abbildungen, Broschur

ISBN 3-925100-72-5

Lilith steht für das Besondere in einer Beziehung. Sie beeinflusst uns mit einer sehr unberechenbaren Energie, die sich von einem Extrem zum anderen manifestieren kann. Sie vermag manchmal destruktive Auswirkungen haben, uns andererseits aber genauso aus schwierigen Verstrickungen befreien.

Das Drama ist ein Thema, das Lilith zugehört, weil Menschen mit einer starken Lilithbetonung sich in Bezug auf Partnerschaft nach intensiven Erfahrungen sehnen. Lilith spielt auch eine große Rolle bei Beziehungen, die aus den Normen fallen, wie z.B. Beziehungen von homosexuellen Paaren, zwischen Partnern mit einem großen Altersunterschied oder zwischen Personen aus sehr unterschiedlichen kulturellen Gesellschaften. Auch Partnerschaften auf Distanz sind eine Lilith-Entsprechung, denn dadurch werden die Partner vor der gefährlichen Nähe verschont. Es gehört nicht zu der Natur von Lilith, große Opfer für die Partnerschaft und für die anderen aufzubringen, und erst recht nicht, wenn sie sich dazu gezwungen fühlt.

Die Autorin verfügt über eine jahrelange Erfahrung als Beziehungsberaterin. Sie beleuchtet alle Gesichtspunkte einer Partnerschaft mit dem Lilith-Prinzip. Sie zeigt, welche Funktion dies für das eigene Erleben einer Beziehung im Leben einer Frau oder eines Mannes spielt. Neben diesen ausführlichen Deutungen für das Geburtshoroskop bespricht sie Lilith auch im Partnervergleich, im Composit und im Begegnungshoroskop und macht ihre Erkenntnisse durch viele Beispiele aus dem Leben anschaulich.

CHIRON VERLAG

Standardwerke der Astrologie

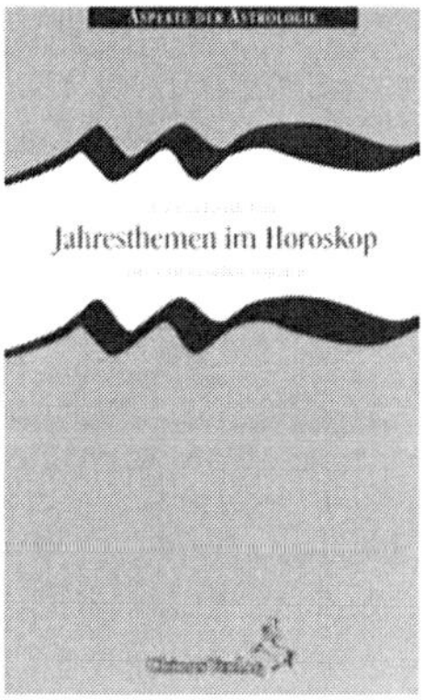

LIANELLA LIVALDI LAUN

Jahresthemen im Horoskop

Das Solar in sieben Schritten
112 Seiten, 32 Abbildungen
ISBN 3-925100-25-3

Dieses Buch gibt dem Anfänger einen leicht nachvollziehbaren Einstieg in die Solartechnik und eröffnet dem Astrologen neue Ansätze für die Arbeit mit dem Jahreshoroskop. Die Frage nach den zukünftigen Trends spielt in der Astrologie immer eine große Rolle. Neben der Beobachtung der Transite kommt dabei dem Solarhoroskop ganz besondere Bedeutung zu. Ein Solar wird auf den jeweiligen Geburtstag berechnet und ermöglicht die prognostische Vorschau auf das kommende Jahr.
Die Autorin arbeitet seit vielen Jahren erfolgreich mit dieser Methode und gibt einen Einblick in die praktische Handhabung der Technik. Sie führt den Leser in sieben Schritten an die Deutung des Solars heran. Anhand zahlreicher Beispiele ermöglicht sie dem Leser die Ausarbeitung der Jahresthemen und berücksichtigt dabei auch die neuen Faktoren Chiron und Lilith.
Einmalig ist ihre Einführung der Solartechnik in die Partnerschaftsastrologie. Dabei gelangt sie zu ganz neuen und für das wechselseitige Miteinander sehr fruchtbaren Ergebnissen.

Alles in allem ein Buch, das als Basislektüre von Anfängern in Prognosetechniken, als auch als Anregungsmaterial von fortgeschrittenen und beratend tätigen Astrologen gelesen werden kann.

Meridian

CHIRON VERLAG

Standardwerke der Astrologie

LIANELLA LIVALDI LAUN

Liebesbeziehungen im Horoskop

226 Seiten, kartoniert, 2. erw. Auflage

ISBN 3-89997-102-7

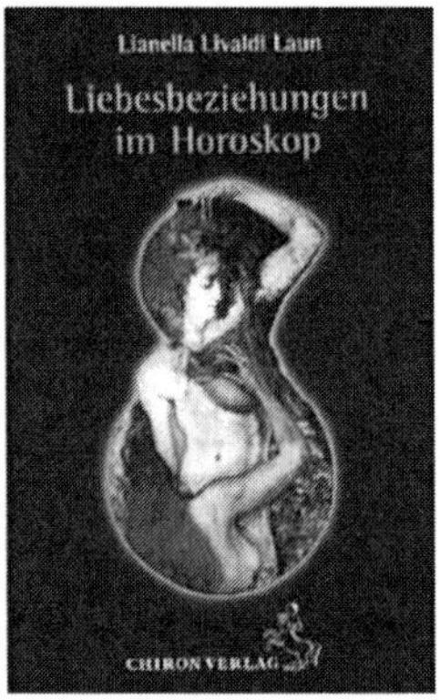

Jede tiefe Liebesbeziehung ist ein weiterer Schritt zu Vervollkommnung und Selbsterkenntnis. Die Autorin macht deutlich, dass es in Liebesbeziehungen vor allem darum geht, das Potential zu erkennen, das sich durch die Kraft der Liebe, aber auch durch Konflikte entfalten möchte. Die Astrologie hilft uns, dieses Potential zu erkennen und ein tieferes Verständnis von der Dynamik unserer Beziehungen zu erkennen.
Dieses Buch stellt sowohl bekannte als auch neue Methoden des Partnervergleichs vor und enthält Deutungen zu allen wichtigen Konstellationen in Partnerhoroskopen. Darüber hinaus werden Composit- und Combin-Horoskope ausführlich an anschaulichen Beispielen erläutert. Dadurch gelingt es dem Leser, die vorgestellten Methoden schnell auf seine eigenen Liebesbeziehungen zu übertragen.

Dieses Buch ist wie eine Liebe auf den ersten Blick. Es hat mir gleich gefallen, angefangen von dem erotisch-sinnlichen Titelbild auf dem Umschlag bis zu dem Kapitel über die Liebesbeziehung zwischen Henry Miller und Anais Nin aus astrologischer Sicht. Nur selten wurde so lehrreich und poetisch zugleich, über die Liebe, dieses alte Thema der Menschheit, geschrieben. *Meridian 6/1993*

CHIRON VERLAG

Standardwerke der Astrologie

LIANELLA LIVALDI LAUN

Chiron in der Partnerschaftsastrologie

Die Versöhnung der Gegensätze
106 Seiten, Hardcover, 25 Abb.
ISBN 978-3-89997-125-5

Gegensätze ziehen sich an, besagt eine Redensart. Aber warum ist dem so? Der Kentaur Chiron – halb Mensch, halb Pferd – trägt diesen unversöhnlichen Gegensatz in sich. So verwundert es nicht, dass er gerade bei ungleichen Partnerschaften immer wieder an prominenter Stelle im Horoskop zu finden ist. Aber Chiron ist auch der Heiler und die Autorin zeigt Ihnen, wie dieser immer wieder bei heilenden und heilsamen Beziehungen eine wichtige Rolle spielt.

Lianella Livaldi Laun zeigt die verschiedenen Formen von Verletzungen in Verbindung mit der Chiron-Thematik sowohl an Konstellationen ihrer eigenen Klienten und Schüler als auch bei Romanfiguren. Dabei bleiben weder die Transite Chirons und ihre Auswirkungen unerwähnt noch die Chiron-Position im Composit. ... Dieses Buch ist für Einsteiger genauso empfehlenswert wie für fortgeschrittene Astrologen, zumal es sehr lebendig und praxisnah geschrieben ist. *Sternzeit 26/2006*

CHIRON VERLAG